SAGE 質的研究キット
ウヴェ・フリック監修

7
会話分析・
ディスコース分析・
ドキュメント分析

ティム・ラプリー
大橋靖史・中坪太久郎・綾城初穂 [訳]

新曜社

SAGE 質的研究キット　全8巻

1. 質的研究のデザイン　　　　　　　　　　　フリック, U.／鈴木聡志（訳）

2. 質的研究のための「インター・ビュー」　　クヴァール, S.／能智正博・徳田治子（訳）

3. 質的研究のためのエスノグラフィーと観察　アングロシーノ, M.／柴山真琴（訳）

4. 質的研究のためのフォーカスグループ　　　バーバー, R.／大橋靖史他（訳）

5. 質的研究におけるビジュアルデータの使用　バンクス, M.／石黒広昭（監訳）

6. 質的データの分析　　　　　　　　　　　　ギブズ, G. R.／砂上史子・一柳智紀・一柳梢（訳）

7. 会話分析・ディスコース分析・ドキュメント分析　ラプリー, T.／大橋靖史・中坪太久郎・綾城初穂（訳）

8. 質的研究の「質」管理　　　　　　　　　　フリック, U.／上淵寿（訳）

DOING CONVERSATION, DISCOURSE AND DOCUMENT ANALYSIS

Tim Rapley

SAGE Qualitative Research Kit 7

Copyright ⓒ Tim Rapley 2017. All rights reserved.

This translation is published under cooperation contract between SAGE and Shinyosha.

編者から

ウヴェ・フリック

- 「SAGE 質的研究キット」の紹介
- 質的研究とは何か
- 質的研究をどのように行うか
- 「SAGE 質的研究キット」が扱う範囲

「SAGE 質的研究キット」の紹介

　近年質的研究は、そのアプローチがさまざまな学問分野にわたってしだいに確立され、尊重されるようにもなってきたため、これまでにない成長と多様化の時期を謳歌している。そのためますます多くの学生、教師、実践家が、一般的にも個々の特定の目的のためにも、質的研究をどのように行ったらよいのかという問題と疑問に直面している。こうした問題に答えること、そしてハウツーのレベルでそうした実際的な問題に取り組むことが、「SAGE 質的研究キット」（以下「キット」）の主な目的である。

　この「キット」に収められた各巻は，全体が合わさって、質的研究を実際に行う際に生じる中心的な諸問題に取り組んでいる。それぞれの巻は、社会的世界を質的な見地から研究するために用いられる主要な手法（たとえば、インタビューやフォーカスグループ）や資料（たとえば、ビジュアルデータやディスコース）に、焦点を当てている。さらに、「キット」の各巻は、多くの多様なタイプの読者のニーズを念頭に置いて書かれている。「キット」とこれに収められたそれぞれの巻は、以下のような広範なユーザーに役立つだろう。

i

- 質的な手法を使った研究を計画し実行する上で問題に直面している、社会科学、医学研究、マーケットリサーチ、評価研究、組織研究、ビジネス研究、経営研究、認知科学などの質的研究の**実践者**たち。
- こうした分野で質的手法を使用する**大学教員**。授業の基礎としてこのシリーズを用いることが期待される。
- 質的手法が、実際の適用（たとえば論文執筆のため）を含めて大学の学業訓練の（主要な）一部である、社会科学、看護、教育、心理学、その他の分野の**学部生**と**大学院生**。

「キット」に収められた各巻は、フィールドでの広範な経験をもつだけでなく、その巻のテーマである手法の実践においても豊かな経験をもつすぐれた著者たちによって書かれている。全シリーズを最初から最後まで読むと、倫理や研究のデザイン、研究の質の査定といった、どのような種類の質的研究にとっても重要な諸問題に何度も出会うことだろう。しかし、そうした諸問題はそれぞれの巻において、著者の特定の方法論的視点と著者が述べるアプローチから取り組まれる。したがって読者はそれぞれの巻で、研究の質の問題へのさまざまなアプローチや、質的データの分析のしかたへのさまざまな示唆を見出すであろうが、それらが全体として合わさって、この分野の包括的な描写を得ることができるだろう。

質的研究とは何か

質的研究のさまざまなアプローチにも研究者の大多数にも共通に受け入れられている、質的研究の定義を見出すことはますます困難になっている。質的研究はもはや、たんに「量的研究ではない」研究ではなく、それ自身の１つのアイデンティティ（あるいは多数のアイデンティティ）を発展させている。

質的研究には多数のアプローチがあるとは言っても、質的研究に共通するいくつかの特徴を確認することができる。質的研究は「そこにある」世界（実験室のような特別に作られた研究状況ではなく）にアプローチし、「内側から」社会現象を理解し、記述し、時には説明することを意図する。しかしそのやり方は実にさまざまである。

- 個人や集団の経験を分析することによって――経験は生活史や日常的・専門的実践と関係づけられることもある。それらは、日常的な知識や説明や物語を分析することによって取り組まれるかもしれない。
- 進行中の相互作用とコミュニケーションを分析することによって――これは、相互作用とコミュニケーションの実際の観察と記録、およびそうした資料の分析に基づく。
- ドキュメント（テクスト、写真・映像、映画や音楽）を分析することによって、あるいはドキュメントに類した経験や相互作用が残した痕跡を分析することによって。

　このようなアプローチに共通するのは、人びとは周りにある世界をどのように作り上げるのか、人びとは何をしているのか、人びとに何が起きているのかを、意味のある豊かな洞察を与える言葉でひも解こうと試みることである。相互作用とドキュメントは、協同して（あるいは衝突しながら）社会的プロセスと社会的人工物を構成する方法と見なされる。これらのアプローチはみな意味生成の方法であり、意味はさまざまな質的手法で再構成し分析することができ、そうした質的手法によって研究者は、社会的な（あるいは心理学的な）問題を記述し説明するしかたとしての（多少とも一般化可能な）モデル、類型、理論を発展させることができるのである。

質的研究をどのように行うか

　質的研究にはさまざまな理論的・認識論的・方法論的アプローチがあること、そして研究される課題も非常に多岐にわたることを考慮するなら、質的研究を行う共通の方法を示すことはできるのだろうか。少なくとも、質的研究の行い方に共通するいくつかの特徴をあげることはできる。

- 質的研究者は、経験と相互作用とドキュメントに、その自然な文脈において、そしてそれらの個々の独自性に余地を与えるようなやり方で、接近することに関心がある。

- 質的研究は、最初から研究する事柄についての明確に定義された概念を用意し、検証仮説を公式化することを控える。むしろ、概念（あるいは、もし使うなら仮説）は、研究の過程で発展し、洗練されてゆく。
- 質的研究は、手法と理論は研究される事柄に適したものであるべきだ、という考えのもとで始められる。既存の手法が具体的な問題やフィールドに合わないなら、必要に応じて修正されるか、新しい手法やアプローチが開発される。
- 研究者は研究するフィールドの一員であり、研究者自身が、研究者というあり方でそこに臨むという点でも、フィールドでの経験とそこでの役割への反省を持ち込むという点でも、研究過程の重要な部分である。
- 質的研究は、研究課題の理解にあたって文脈と事例を重視する。多くの質的研究は一事例研究や一連の事例研究に基づいており、しばしば事例（その歴史と複雑さ）が、研究されている事柄を理解する重要な文脈となる。
- 質的研究の主要な部分は、フィールドノーツやトランスクリプトに始まり、記述と解釈、最終的には知見の発表、研究全体の公刊に至るまでの、テクストと執筆に基づいている。したがって、複雑な社会状況（あるいは写真・映像のような他の資料）をテクストに変換するという問題（一般には文字化と執筆の問題）が、質的研究の主要な関心事となる。
- 手法が研究されている事柄に適切であると考えられる場合でも、それが質的研究にとって、そして質的研究の特定のアプローチにとって適切かという視点から、質的研究の質を定義し査定する諸アプローチについて（さらに）考察されなければならない。

「SAGE 質的研究キット」が扱う範囲

- 『質的研究のデザイン』（ウヴェ・フリック）は、何らかのかたちで質的研究を使う具体的な研究をどのように計画し、デザインするかという観点から書かれた質的研究の簡潔な入門書である。それは、研究過程でそうした諸問題をどう扱うか、どう解決するかに焦点を当てることで、「キット」の他の巻に対するおおよその枠組みを与えることを意図して

いる。この本では、質的研究の研究デザインを作るという問題に取り組み、研究プロジェクトを機能させる足がかりについて概略を述べ、質的研究における資源といった実際的な諸問題について述べるが、質的研究の質といったより方法論的な問題や倫理についても考察する。この枠組みは、「キット」の他の巻でより詳しく説明される。

- 質的研究におけるデータの収集と産出に、3冊が当てられる。第1巻で簡潔に概説した諸問題を取り上げ、それぞれの手法に対して、さらに詳しく、集中的にアプローチする。まず、『質的研究のための「インター・ビュー」』（スタイナー・クヴァール）は、特定の話題や生活史について人びとにインタビューすることのもつ、理論的、認識論的、倫理的、実践的な諸問題に取り組んでいる。『質的研究のためのエスノグラフィーと観察』（マイケル・アングロシーノ）は、質的データの収集と産出の第二の主要なアプローチに焦点を当てている。ここでも実践的な諸問題（サイトの選択、エスノグラフィーにおけるデータ収集の方法、データ分析における特殊な問題）が、より一般的な諸問題（倫理、表現、1つのアプローチとしてのエスノグラフィーの質と適切性）の文脈で考察される。『質的研究のためのフォーカスグループ』（ロザリン・バーバー）では、データ産出の第三のもっとも主要な質的手法が提示される。ここでも、フォーカスグループでサンプリングやデザインやデータ分析をどう行うかの問題と、データをどうやって生み出すかに焦点が強く当てられている。

- さらに3冊が、特定のタイプの質的研究の分析に当てられる。『質的研究におけるビジュアルデータの使用』（マーカス・バンクス）は、焦点を質的研究の第三のタイプに広げている（インタビューとフォーカスグループに由来する言語データと観察データに加えて）。一般に社会科学研究ではビジュアルデータの使用は主要なトレンドになっているだけでなく、データの使用と分析にあたって研究者を新たな実際的な問題に直面させ、新たな倫理的問題を生み出している。『質的データの分析』（グラハム・R・ギブズ）では、どのような種類の質的データの理解にも共通する、いくつかの実際的なアプローチと問題に取り組む。特にコード化、比較、コンピュータが支援する質的データ分析の使用に、注意が払われ

編者から　｜　v

ている。ここでの焦点は、インタビューやフォーカスグループや個人史と同じく言語データにある。『会話分析・ディスコース分析・ドキュメント分析』（ティム・ラプリー）では、言語データから、ディスコースに関連する異なるタイプのデータへと焦点が拡張され、ドキュメントのような現存資料、日常会話の記録、ディスコースが残す痕跡の発見に焦点が当てられる。アーカイヴの生成、ビデオ資料の文字化、それにこのようなタイプのデータのディスコースの分析のしかたといった、実際的な問題が考察される。

- 『質的研究の「質」管理』（ウヴェ・フリック）は、質的研究の質の問題を取り上げる。この問題は、「キット」の他の巻でもそれぞれのテーマの文脈で簡潔に触れられているが、本書でより一般的なかたちで取り上げる。ここでは研究の質を、質的研究の現存の規準を使って見たり、あるいは規準を再定式化したり新しく定義するといった角度から検討する。この巻では、質的方法論における「質」と妥当性を定めるのは何であるべきかについて現在も進行している議論を検討し、質的研究における質を高め、管理するための多くの戦略を検討することになる。質的研究におけるトライアンギュレーション戦略と、質的研究の質を高めるという文脈での量的研究の使用に、特に関心が払われている。

本書の焦点、そしてそれが「キット」に果たす役割について概略を述べる前に、この「キット」が世に出る力添えをいただいた SAGE 社の方々に感謝を述べたい。いつのことだったか、このプロジェクトを私に勧めてくれたのはマイケル・カーマイケルであるが、いざ始めるに当たって彼の示唆は非常に役に立った。パトリック・ブリンドルはこのシリーズへの支援を引き継ぎ、継続してくれた。ヴァネッサ・ハーウッドとジェレミィ・トインビーは、われわれの草稿を本に仕上げてくれた。

本書と第2版について
ウヴェ・フリック

　ディスコースを分析することは、現在、質的研究における主要なアプローチの一つとなっている。会話を分析することは、データとしてのドキュメントの利用と同様に、質的研究の歴史において長い伝統がある。こうしたアプローチにおいて、データ収集はしばしば、自然に生じるやりとりを記録することで、材料のセットを作り出したり、あるいは、たとえば新聞記事を選んだり各種機関のファイルからドキュメントを選ぶことに焦点があてられている。このプロセスでは、インタビューやフォーカスグループといった、特に研究プロセスのためにデータを作り出す伝統的なデータ収集の方法はマイナーな役割を果たしている。ここで決定的なのは、むしろ研究目的のために現存する材料を利用可能にし、まとめ上げる方法である。したがって、音声やビデオ材料の書き起こしやアーカイブの作成といったステップが研究プロセスにおける中核となり、単なる技術的な、もしくは些細な問題ではない。倫理は、この文脈において、特定のしかたでだけでなく、異なったしかたで関連することになる。

　本書はこうした問題を、ディスコース分析や会話分析の観点から扱う。そうすることで、書き起こしのようなトピックに、異なった、かつ、おそらく「SAGE質的研究キット」の他の巻よりもより組織だった解釈を与える。しかし本書はまた、「キット」の他の巻によって補われもする。インタビューやフォーカスグループは会話の特定の状況であり、伝達される内容だけでなく、それ自体として分析が可能だからである。したがって、本書とバーバー（Barbour, 2017）によるフォーカスグループの巻、クヴァール（Kvale, 2007/Brinkmann & Kvale, 2017）によるインタビューに関する巻は、互いに補完しあう関係にある。

　同じことはビジュアル材料（Banks, 2007/2017）の利用についても言え、

vii

ディスコースを研究するために利用することができる。ギブズ（Gibbs, 2017）によるデータ分析に対するより一般的なアプローチは、ディスコースや会話の分析に関連する材料のコード化、とりわけコンピュータやコンピュータソフトの利用について、より詳細に概観している。本書は、「SAGE 質的研究キット」の文脈の中で、とりわけ単一のアプローチを取り上げているが、同時に、キットのより一般的な視野の中にしっかり埋め込まれている。分析の質やプランニングについてのより突っ込んだ考察は、質的研究のデザイン（Flick, 2007/2017c）や研究プロセスにおける質の管理（Flick, 2007/2017d）に関する、より一般的な指摘に付随することがらである。本書の第 2 版は、全般にわたってアップデートされ、拡充されている。

謝　辞

　本書は、人々、テクスト、対象物、直観や記憶との日常的で、かつ風変わりな相互作用が組み合わされて生み出されたものなので、私は、誰に、そして何に対してお礼を言うべきか定かでない。このジレンマの一端に対処するため、ミュージシャンのサブ・マルチネスの言葉を次のように言い換えたい。今私を知っているすべての人々、過去に知っていたがもはや会うことのないすべての人々、これから知り合うであろうすべての人々、そして、私が会うことがないすべての人々に、感謝します。

　もっと実際的に述べれば、本シリーズの編者であるウヴェ・フリックにお礼を述べなければならない。彼のアドバイスと信頼、忍耐にありがとうと言いたい。また、何年にもわたって質的研究について長々としゃべるのを聞かなければならなかった研究仲間、友人、そして学部学生、大学院生の皆さんに感謝しなければならない。概して、こうして話したり教えたりする時々が、私に多くのことを教えてくれた。

　最後に、愛情とサポート、尊敬（そして明らかに多くの忍耐）を尽きることなく示してくれた、また、情熱と知性、知恵をもって考え、行動することが意味することへと私を導いてくれた両親、ダイアンとトニー・ラプリーに感謝を述べなければならない。本書を彼らに捧げる（また、子どものとき、作文を書くことが嫌いだった私が、仕事のために本書を書き上げたことに、彼らは驚くに違いない）。

目　次

編者から（ウヴェ・フリック）———————————— *i*

　「SAGE 質的研究キット」の紹介　　　　　　　　　i

　質的研究とは何か　　　　　　　　　　　　　　　ii

　質的研究をどのように行うか　　　　　　　　　　iii

　「SAGE 質的研究キット」が扱う範囲　　　　　　iv

本書と第 2 版について（ウヴェ・フリック）———————— *vii*

謝　辞 ————————————————————————— *ix*

1 章　ディスコースを研究する ————————————— *1*

　導入的ないくつかの考え　　　　　　　　　　　　2

　起源についてのいくつかの考え　　　　　　　　　5

　次章以降についてのいくつかの考え　　　　　　　8

2 章　アーカイブを生み出す ————————————— *11*

　「データ」のソース　　　　　　　　　　　　　　12

　ドキュメントにもとづくソース　　　　　　　　　14

　音声とビジュアルにもとづくソース　　　　　　　24

　まとめ　　　　　　　　　　　　　　　　　　　　31

3 章　倫理と「データ」の記録 ————————————— *33*

　研究「データ」を作成し記録する際の倫理的問題　35

　まとめ　　　　　　　　　　　　　　　　　　　　46

4 章　記録の実際 ——————————————————— *49*

　記録機器　　　　　　　　　　　　　　　　　　　50

　何を記録するかをどのように知るか？　　　　　　51

　インタビューとフォーカスグループの実際　　　　52

　音声、もしくはビデオにもとづくエスノグラフィーの実際　57

xi

まとめ	66

5章　音声とビデオ材料の書き起こし ——— *69*

記録の紹介	71
場面を描写する	72
基本的なトランスクリプト	73
細部の問題	79
ジェファーソン式トランスクリプト	83
作業用トランスクリプト vs. 報告用トランスクリプト	88
ビデオにもとづくデータを使う	90
イメージを書き起こす	91
まとめ	96

6章　会話を探究する ——— *101*

発話におけるありふれた瞬間の探究	104
社会生活の習慣的組織化	108
だから何なのか？	120
まとめ	121

7章　ドキュメントについての会話、ドキュメントによる会話の探究 ——— *123*

ドキュメントの使用	124
ケーススタディ —— 精神科の記録はどのように作られたか	128
ケーススタディ —— レポート結果の読み取りとレポートの知見の報告	131
ケーススタディ —— 法廷のビデオ記録の理解	134
まとめ	137

8章　会話とディスコースを探究する —— いくつかの議論とジレンマ ——— *139*

分析者の隠れた役割	144
相互行為の1コマのみに焦点をあてる	147
フォーカスグループやインタビューから得たデータの、ローカルな文脈について研究する	149
権力（や他の鍵概念）について研究する	151
まとめ	155

9章　ドキュメントを探究する ──────────────── *157*

何がそこにあるのか（何がそこにないのか）を考える　　158

事例を検討する　　160

論点を広げる　　163

誰にとっての問題か、誰にとっての解決か？　　166

いままでの歴史を考える　　170

まとめ　　176

10章　ディスコースを研究する ── おわりに ────── *179*

アーカイブをコード化し、分析し、考える　　180

品質とリフレクションの問題　　183

会話、ディスコース、ドキュメントを分析する諸段階と

　　キーポイント　　186

（最後の）まとめ　　188

訳者あとがき　189

用語解説　193

文　献　197

人名索引　203

事項索引　204

装幀＝新曜社デザイン室

ボックスと図リスト

ボックス

3.1	例1	建設業界の管理職者への、女性の役割に関するインタビュー	36
3.2	例2	若者の医療経験研究	36
4.1	例1	病棟での医療上の意思決定	58
4.2	例2	チーム・ミーティングにおける書類の確認	59
5.1		トランスクリプションのためのポーランドの指示	80
5.2		簡易版ジェファーソン式トランスクリプションの決まり	83

図

5.1	抜粋5.1の一部を書き起こし直したもの	97

1章　ディスコースを研究する

導入的ないくつかの考え
起源についてのいくつかの考え
次章以降についてのいくつかの考え

この章の目標

- ディスコース研究の中心となる仮定や考えのいくつかについて知る。
- 本書の全般的な輪郭と目的について理解する。

　会話やディスコース、ドキュメントに関する研究を企てる人々は、書かれた、もしくは話された言語に興味をそそられている。ディスコースに関心がある人々がまだ研究していないことが何か、私には実際わからないが、インターネットのように、人間の（そして非人間の）行為のほとんどあらゆる領域について研究がなされてきた。人種的偏見やセクシュアリティ、狂気に焦点をあてた古典的な研究があるが、今日では、友人同士の語りにおける「ウンフン（uh huh）」の役割から遺伝子組み替え食品に関する政府の法律にまでわたっている。分析される潜在的な材料のソースの範囲も同様に巨大である。公的なドキュメント、法令、政治的論争、あらゆるタイプのメディア産出物、何気ない会話、職場での話し合い、インタビュー、フォーカスグループ、エスノグラフィー、インターネットのブログやチャット・ルーム等々。本書は、使用されている言葉についていかに研究することができるかを探究することを目的とする。そのとき直面するであろう非常に実際的な問題と、利用することができる非常に実際的な解決方法について、詳細に概説することを目的としている。

1

導入的ないくつかの考え

「ディスコース分析[訳注]*」という用語は、しばしば、本書の中で見ることになる研究のやり方を描写するために使われている。不幸なことに、この用語は多くの意味を持っている。ある人々にとっては、「人種的偏見」や「ナショナリズム」といったいくつかの特定のディスコースが、さまざまなインタビューの書き起こしや新聞の社説にわたっていかに使われているかに焦点をあてることを意味している。他の人々にとっては、「その証拠が示唆するのは」とか「明らかに」といった特定の言葉が、会話の録音記録や、特定のケースについて論じる1本の科学論文の中でいかに使われているかに焦点をあてることを意味している。アプローチに関わりなく、ディスコースを分析する人々にとって一番の関心事は、**言葉がある文脈においてどのように使われているか**にある。そして、文脈は、会話の特定の瞬間から特定の歴史的時間までに及び得る。

　大まかなレベルにおいて、ディスコースを研究する人々は、言語を遂行的（performative）で機能的（functional）なものとして見ている。すなわち、**言語が中立的で透明なコミュニケーション手段として扱われることはない**。しかし抽象的に述べるよりも、次のような「古典的な」例を示してみよう。2人の報告者が1人の男が撃たれるのを見た。翌日、ある新聞の見出しには「自由の戦士、政治家を殺害」と書かれており、他の新聞の見出しには「テロリスト、政治家を殺害」と書かれている。可能な問いとして、次のようなものがあるだろう。

- どちらが本当なのか？
- どちらが正しいのか？
- どちらが事実なのか？

そして、これは、単なる哲学的、もしくは抽象的な問いではない。アフガニ

[訳注] 右上にアスタリスクが付されている語は、巻末の用語解説に含まれている。適宜参照していただきたい。

スタンからキューバのアメリカ領に移送され、グアンタナモ湾に強制収容された人々の状態に関する論争を通して、私たちは、近年の歴史の中で、このことが探究されるのを見た。そうした議論の一つは、こうした人々が「戦争捕虜」と理解されるべきか否か、したがって彼らは、法的に保護された一連の人権を持っているのか、それとも「違法な戦闘員」と理解されるべきか否かに集中した。同様に、パキスタンの第10代大統領、ペルベズ・ムシャラフは、まさに誰が「自由の戦士」で誰が「テロリスト」かを定義することの現代の困難さについてコメントした、多くの政治的リーダーの一人である。それゆえ、こうした例からもわかるように、言語は構築的であり、社会生活を構成するのである。話したり書くことで、私たちは世界を作っている。

　したがってディスコースを分析する人々にとっての関心は、いかに言語が使用されているかにある。焦点は、どのような世界の特定のバージョン、あるいは、アイデンティティ、意味が、何かを他のやり方ではなくまさにそのやり方で描写することによって、作り出されるかにある。つまり、他のやり方ではなくこのやり方で何かを描写することによって、何が利用可能になり、何が排除されるかに焦点があてられる。よりありふれてはいるが、もう一つの古典的な例を示そう。次に挙げるリストの要素は、私について、すべて「本当であり」、「正しく」、そして「事実」であることにご留意いただきたい。

- 私は年取っている。
- 私は若い。
- 私はドクターである。
- 私はドクターではない。
- 私は1973年8月10日に生まれた。
- 私は1973年8月9日に生まれた。

　これらの私に関する対照的な陳述の中で、もっとも単純な、年をとった／若いの二分法を取り上げてみよう。なるほど、ある瞬間、ある人々と一緒にいると、私は「若い」と見なされる。たとえば、私は何人かの社会人学生を教えているが、彼らの一人が遅れて部屋に入ってきて、私のような年の者が先生であり得ることを信じようとしなかった。彼女がそのとき述べたように、「私は

1章　ディスコースを研究する　3

まさに若すぎた」。そして、私が「年をとっている」と分類される他の瞬間を想像することは難しくない。クラブで遊ぶには年をとりすぎていないか？　私にとって、年をとりすぎているという感覚は、クラブで遊ぶ他のメンバーの年齢といった要因に大きく依存している。したがって、そうしたカテゴリー化は、他の人々の年齢や特定の文脈、社会的規範といった、文脈的要因に依存し得るのである。

　リスト上の第2のペアについて考えるなら、私は医学部で働いているので、私の「ドクター」としての流動的で永続しない地位のことをいつも思い起こさせられる。さまざまなときに、私は「あなたは何が専門のドクターですか」と尋ねられる。私は博士の学位（PhD）を持っていると説明すると、ある人々、たいていの場合医師だが、彼らは「ああ、あなたは博士なんですね」と答える。私の母は、冗談っぽくではあるが、「お前はドクターかもしれないが、役に立つドクターじゃないね」と論評したものである。また、研究のために医師を募集しようと彼らに連絡する際、私は常に受付の人に「ドクターのティム・ラブリー」ですと言っている。と言うのは、経験上、単に「ティム・ラブリー」ではメッセージを受け付けてくれるだけだが、ドクターを付け加えると、しばしば直接彼らに取り次いでもらえるからである。したがって、私が自分自身のどのような描写を選ぶか、また、他の人々が私をどのように描写するかが、効果を持つことがあり得るし、実際持っているのである。

　最後に、私の生年月日に対する2つの言及は、私が所持する2つの異なったドキュメントに関係する。一つは、私の出生証明書で、それが日付の一つを提供している。私は最近、私の出生記録のコピーを見たとき、もう一つの日付を発見した。その記録は、私の出産を見届けた助産師によって記入されたものだった。私は養子に出されたので、私にはどちらの日付が「本物」なのか、知る手立てがない。しかしながら、私の出生証明書の日付は、さまざまな機関やその関係者によって、「事実としての地位」を持つものと見なされる。私のパスポート、納税書類、保険契約等々に関して言えば、ドキュメントの一つのみ、2つの日付の一つのみが適切である。しかしながら、私の個人的なナラティブ、「養子」としての私のアイデンティティに関して言えば、2つとも適切である。ドキュメントは特定のリアリティを作り出し、それらが作り出すリアリティが効果を持つ。

したがって私は、多くのやり方で自分自身を描写することができるのであり、そうするのであり、他者は異なったやり方で私を描写できるのであり、そうするのである。私は、息子であり、パートナーであり、大学教員、研究者、被雇用者、セミナーのリーダー、患者等々である。ポイントは、どの描写に焦点をあてるか、あるいは、より技術的には、多くの中で、どのアイデンティティやメンバーシップ・カテゴリー、主体ポジションが関連するかであり、それが行う「仕事」であり、それがいかに特定の文脈と結びついているか、より広い文化とつながっているかにある。

起源についてのいくつかの考え

　ディスコース研究の誕生と発展について、単純な創造物語はない。それを使用されている言語の研究への唯一のまとまったアプローチとして見るよりも、むしろ、研究の一分野、語りと**テクスト***を分析するための、漠然と関連しあう実践と関連する理論の集まりと見ることができ、それは広範なソースから出現する。その一部はしばしば、**社会構築主義***の伝統から現れたと見られている。ヴィヴィアン・バー（Burr, 1995）は、社会構築主義が、しばしば4つのアイデアを持っていると提案している。

1. 当たり前と思われてきた知識や理解に対する批判的なスタンス
2. 世界に対する私たちの知識が、歴史的にも文化的にも特異であること
3. こうした知識は、社会的プロセスによって創造され、維持され、更新されること
4. 私たちの知識や行為は、互いに密接に関連し、**リフレクシブ**に特徴づけあっていること

　簡単に言えば、「セクシュアリティ」「狂気」「本能」といった当たり前だと見なされているものごと、概念、あるいは考えに関する私たちの理解は、何らかのしかたで**自然なもの**でもあらかじめ**与えられたもの**でもなく、むしろ人間の行為や相互行為、人間の歴史、社会や文化の産物だということである。た

1章　ディスコースを研究する　5

とえば、育児の責任はなぜ社会の特定の部分と結びついたものであるべきなのか——たいていの場合は女性であるのはなぜか？　親であることの一連の実践、スキルや資源は、何らかのしかたで社会のある部分にまさに天賦のもので、地球上どこでも同じようなものなのだろうか、あるいは、文化的・歴史的に特異なものなのだろうか？　親であることは、何らかのしかたでもっぱら遺伝、生物、血縁の産物なのだろうか、それとも、親となり、親として**行動する**という、一連の社会的知識や行為の産物なのだろうか？　親であるという私たちの知識は、すべての人々がまさに知っているものなのか、あるいは、他者と相互行為する中で、その相互行為を通して、学ばれ、作り出されるのか？

　そこで、社会構築主義者は、アイデンティティ、実践、知識や理解といった、私たちが当たり前だと見なしてきたあらゆることについて問う。そうした議論は必ずしも、何が「リアル」で何が「リアル」でないかという論議に導くものではない。ローズが述べているように、「言葉、テクスト、装置、テクニック、実践、主体、客体や存在物から作られるリアリティは、構築されたものであるが故に、リアルであることは言うまでもない。他の何であり得るだろうか？」(Rose, 1998, p.168)。それは、私たちに研究の方向を提示している。すなわち、親であること（あるいは、ジェンダー、セクシュアリティ、エスニシティ（民族意識）、事実、真実など）がいかに産出され交渉される、日常生活の一部として関わる実践的で活動的な**知識や行為**であるかを真剣に捉える研究であり、また、これらの知識や行為の**歴史的・社会的・文化的な特異性**を真剣に捉える研究である。

　ディスコースの研究もまた、言語学、批判心理学、脱構築主義、現象学、ポスト構造主義、ポストモダン、プラグマティズムといった分野に発する、また、（ほんの少し挙げるだけでも）オースティン、フーコー、ゴフマン、ガーフィンケル、サックス、シュッツやヴィトゲンシュタインといった著者たちから生まれた、他の関連する理論や考えによって影響を受けてきた。また、いくつかの点において、語りやテクストにおいて使用されている言語の分析に焦点をあてた、混乱させられるようなおびただしい現代の研究の伝統も存在する。これには、次のような研究が含まれる。

• アクター・ネットワーク理論

- 会話分析（エスノメソドロジーの「所産」として見られることもある）
- エスノメソドロジー
- コミュニケーションのエスノグラフィー（しばしば人類学と関連する）
- 批判的ディスコース分析（しばしば言語学と関連する）
- 批判心理学
- ディスコース心理学*（「ディコース分析」と呼ばれることがある）
- フーコー派研究（これも「ディスコース分析」と呼ばれることがある）
- 相互作用社会言語学
- メンバーシップ・カテゴリー化分析（会話分析とエスノメソドロジーの両者と関連する）
- 科学知識の社会学（時に科学技術研究あるいは科学技術の社会研究と呼ばれる）

　それぞれの伝統には、何をこのタイプの研究を行うための「適切なデータ」、もしくは「材料」と見なすか、また、このタイプの研究がまさにどのようになされるべきかについて、それぞれ独自の前提がある。さらにそれぞれの伝統には、独自の専門用語がある。たとえば、ある人々は「ディスコース」について話しているが、他の人々はそれを「解釈レパートリー」と呼んでいる。同様に、ある人々は「アイデンティティ」について話しているが、他の人々は「主体ポジション」あるいは「カテゴリー」、さらには「メンバーシップ・カテゴリー」と呼んでいる。

　その起源についてどう考えようとも、ディスコースの研究が何なのかを理解する感覚を得るもっとも良い方法は、まずは他の人々の研究を読んでみることである。そして不幸なことに、「一揃いの確かなルールや方法」のように見える何かへと簡単に翻訳することができるような、確かなルールや方法はない。ある著者は、こうした作業を「甘口チキンカレーのレシピに従うよりも、むしろヒヨコの性別を鑑別するといった熟練技」と表現している（Potter, 2011, p.189）。

1章　ディスコースを研究する　｜　7

次章以降についてのいくつかの考え

　本書は、読者に、さまざまな文脈やさまざまな観点からディスコースを集め、取り組む「熟練技」を手にする道を提供するようデザインされている。次章では、研究**アーカイブ**＊（記録ドキュメント）、すなわち、毎日取り組むことになるだろう「データセット」の生成のしかたについて論じる。潜在的に利用可能な、広範囲にわたる研究可能な材料を手短に見て回るツアーを提供しよう。また、私や他の研究者たちがさまざまな材料をどのように探し、集め、分析したか、それらのいくつかの例を提供する。それから、3章では、倫理と秘密保持の議論へと移る。特定の研究プロジェクトについて考える際に助けとなる、より詳細なガイドラインだけでなく、考慮すべき一般的な原理についても概説する。研究の倫理的影響について考えることは、単なる官僚的・組織的な要請や障害物では決してない。研究を行いたいすべての人が、研究対象とする人々に対して**敬意**を払い、また、プロジェクト全体を通して、そのことを行為として示すことは、必要不可欠なことである。

　続く2つの章では、音声録音とビデオ録画の生成と**書き起こし**（トランスクリプション）＊に焦点をあてる。4章では、現在利用可能な記録機器のタイプについて概説する。それから、どのように参加者を募り、リサーチクエスチョンを生成し、フィールドでの出会いを記録するかについて議論を進めていく。これら3つの各問題について、フォーカスグループやインタビューを基にした研究といった、いわゆる「研究者によって引き出されたデータ」と、録音や録画を基にした行為や相互行為のエスノグラフィーといった、いわゆる「**自然に生じるデータ**」＊という両者の関連において議論する。そして、5章では、研究者が生成する記録を書き起こすことを可能にする、さまざまなやり方について概説する。人々が食事を用意する際の録画記録といった、自分で集めたいくつかの材料を使って、同一の記録を書き起こすことができる異なったいくつかの方法を示す。

　6章では、どのように語りや会話を研究することが可能かに焦点をあてる。私は、主に会話分析＊やディスコース心理学の研究の伝統にもとづく人々が、

語りや会話の録音記録やビデオ記録を使って、どのように研究を行うかを示す。さまざまな語りのトランスクリプトについての議論を通して、会話を分析する際に人々がしばしば焦点をあてる、語りのいくつかの重要な特徴について概説する。その次の章では、ドキュメントやテクストが異なる文脈でどのように作られ、使われ、話されるかを探究することへと移っていく。ドキュメントや、他の（ペンやコンピュータといった）「人間でないもの」が、どのように協調し、人々の行為や相互行為を作り出していくかに焦点をあてる。3つのケーススタディを通して、語りの研究のしかたに関する前章での議論を展開し、短時間の語りの詳細な分析が、社会生活の「大きな」構造や制度について、どのように何かを言うことができるかについて概説する。

　8章では、会話やディスコースを研究する際に直面し得るジレンマのいくつかについて概説する。どのようにすれば、インタビューもしくはフォーカスグループのデータをもっともよく理解し、扱うことができるかといったトピックをめぐる議論について概説する。たとえば、データ内で何が起こっているかについて主張する際の、研究者の役割が何かについて述べる。また、語りの細部の分析が、「権力」のようなことについて何を言うことができるかについて述べる。それから、9章では、「テクスト」や「ドキュメント」の分析に焦点をあてる。広範にわたる例やケーススタディを通して、異なったさまざまなテクストを扱ういくつかの可能な方法を提供する。この章は、新聞のデート広告の数行の詳細な分析の例に始まり、50年以上にわたるいくつかのドキュメントに関する議論で終わる。この章の目的は、テクストに関わる際に知っておきたいさまざまな問いや、採用したい方策を、利用できるようにすることにある。

　最後の章は、あらゆるタイプのディスコース材料をどのようにコード化し分析するかについて、幅広く概観する。併せて、分析の品質について問うアプローチについても述べる。私はまた、このスタイルの仕事を企てる際の、いくつかの主要な「足がかり」、すなわち、自分の研究をどのように行うかに関して考慮したいことのリストの概要を述べる。それぞれの章において、強調点はそうした作業を行うにあたっての**現実的な問題**にある。私の議論を、人々が多様な研究材料を実際にどのように作り出し、取り組み、理論化してきたかに関する、広範な、——望むらくは興味深い——経験的な例に根ざしたものにしようと試みた。重要なことだが、本書を書くにあたって、私は、従わなければ

「ならない」特定の基準のセットを提供することを目指してはいない。むしろ、読者がディスコースの研究に関わっていくときに必ずや助けとなる、さまざまなアプローチ、技法、実践を提案するよう試みた。

■■■ キーポイント

- 書き言葉も話し言葉も、中立的で透明なコミュニケーション手段として扱われることは決してない。むしろ、言語は遂行される、機能的なものとして理解される。
- ディスコースを研究する人々は、言語がある文脈の中でどのように使われるかに関心がある。焦点は、特定のアイデンティティ、実践、知識や意味が、他のしかたに優先してまさにそのしかたで何かを描写することによって、どのように作り出されるかにある。
- 私たちが当たり前だと思っているかもしれないものごと、概念や考えについての理解は、何らかのしかたで自然であったり所与のものであったりするのではなく、むしろ、人間の行為や相互行為、人間の歴史、社会や文化の産物である。

さらに学ぶために

以下の著作には、本章で述べた問題についてより詳しい説明がなされている。

Burr, V. (2015) *Social Constructionism*. London: Routledge.

Potter, J. (1996) 'Discourse analysis & constructionist approached: Theoretical background', in J. Richardson (ed.), *Handbook of Qualitative Research Methods for Psychology & the Social Sciences*. Leicester: BPS, pp. 125-140.

Wetherell, M. (2001) 'Themes in discourse research: the case of Diana', in M. Wetherell, S. Taylor & S. J. Yates (eds.) *Discourse Theory & Practice: A Reader*. London: Sage, in association with The Open University, pp. 14-28.

訳者補遺

ヴィヴィアン・バー（著）／田中一彦・大橋靖史（訳）(2018)『ソーシャル・コンストラクショニズム』川島書店〔Burr, V. (2015) *Social Constructionism 3rd ed.*. London: Routledge. の訳〕

2章　アーカイブを生み出す

「データ」のソース
ドキュメントにもとづくソース
音声とビジュアルにもとづくソース
まとめ

この章の目標

- 研究アーカイブの作り方——日々の基礎の上に知らぬ間に研究対象としているデータについて知る。
- 研究の対象にしようと思う材料の潜在的なソース——新聞記事からブログ、カウンセリング・セッションのビデオ記録に至る——について知る。
- 私や他の研究者たちがどのようにさまざまな材料を見つけ、収集し、分析したかについて、いくつかの例を知る。

　研究を行うための材料となり得るソースの範囲は膨大であり、潜在的には無尽蔵である。私たちは今や、おびただしい数の材料を作り出し、アクセスし、貯蔵し、関わることを可能にする、広範囲なさまざまなテクノロジーを持っている。多くのものの中でも、プリンター、カメラ、コピー機、テープレコーダ、ビデオカメラ、コンピュータ、スマートフォン、インターネットといったテクノロジーは、現代の研究実践にとって欠かせない。これらのありふれた、相対的に表に表れないテクノロジーは、私たちが研究を行うことを可能にしてくれると同時に、おそらくもっと重要なことに、今や、私たちの研究の焦点を指示している。

11

「データ」のソース

　非常に単純に言うと、「データ」の可能なソースを次の2つのカテゴリーに分けることができる。**研究者が生み出さなければならないデータ**と、**既に存在しているデータ**である。このことで、私は、たとえば、遺伝的な病気といったトピックについて行う研究インタビューと、たとえば、遺伝的な病気に関する新聞記事との対比を意味している。新聞記事は、明らかに、研究者の行為とは独立して存在しているが、一方、研究インタビューは、研究者の行為によってのみ存在する。よって、私たちは、データの潜在的なソースをこれら2つのカテゴリー、すなわち、**研究者によって生み出されたデータ**と**既に存在するデータ**に分けることができる。しかしながら、このことは、研究者が前者のカテゴリーにともかくもより「活動的」であり、後者に関してはそこそこ「受け身的」もしくは「中立的」であることを前提としている。しかし両者のケースにおいて、研究者の行為は、「データ」として材料を作り出す際に完全に中心にある。両者のケースにおいて、研究者は、それを実際に発見し、物理的にそれを収集し、集めようとしている材料は何か、無視しようとしている材料は何かについて決定を下さなければならない。材料の実際の形式に関わりなく、つまり、テレビ番組のビデオ記録、フォーカスグループの録音記録、新聞記事、ウェブ上の討議のスクリーンショット、学術論文のコピーといったことに関係なく、研究者はある種の選択を行っている。重要なことは、研究者が、集めてまとめたこの特定の材料の全体を、自分の「データ」と呼ぶことに決めたのである。

　これはどういうことだろうか？　研究レポートにおいては、いくつかのものごとが「データ」と名づけられ、いくつかの活動は「データ収集」と名づけられる。一方、その他のものごとや活動は、同じ地位を保ってはいない。私が行っているあるプロジェクトにおいては、データの「公式の」ソースとして次の2つがある。

・特定の条件についての医師−患者コンサルテーションのビデオ記録

- そのコンサルテーションについての、患者との研究インタビューの録音記録

しかしながら、研究の知見は、次に挙げる材料との取り組みの産物でもある。

- 医師−患者のやりとりや研究インタビューのトランスクリプト
- コンサルテーションやインタビューの前・最中・後に何が起こったかを記録した、手書きや入力したフィールドノーツ
- 研究チームのミーティングや他の関連する活動のフィールドノーツや録音記録、覚え書き
- 研究チームによって頒布された公式のドキュメント（患者情報のリーフレット、同意書、資金援助の書類や研究レポートを含む）
- 学術的な研究論文や書籍（医師−患者のやりとりに関する社会科学者のドキュメント、特定の医学的条件や医師−患者のやりとりに関する医学研究者や倫理学者のドキュメント、社会科学や科学研究の方法論に関するテクストといったトピックに関するもの）
- リーフレットや配付資料、新聞の切り抜き（特定の医学的条件に関するもの）
- ウェブサイト（社会的・医学的研究に的を絞ったものや一般的公的なもの）
- 雑多な手書きや打ち込まれた備忘録やメモ、引用

　私にとっては、これらすべての材料が「私のデータ」である。さらに言えば、私の好みの言い方では、これらすべての材料が私のアーカイブを作っている。このアーカイブは、研究チームや友人、見知らぬ人々との会話や、テレビを見ること、ラジオを聴くこと、小説を読むこと等々といったことと組み合わさって、また、もっとも重要なことに、（しばしば大きなカップでコーヒーを飲んでいるときに生じる）突然のひらめきと組み合わさって、特定の研究知見や論文の生産を可能にする。
　私は、この節のタイトルを、簡単に「データを生み出す」とすることもできた。そうしても、おそらく、だいたい同じことに焦点を合わせることになっただろう。しかし、「データ」に引用符をつけたのは、この言葉に逡巡があるこ

2章　アーカイブを生み出す　13

とを示すだろうからである。私は、自分自身の研究を行っているときに、何が実際に私の「データ」であり、何が私の「データ」ではないかについて、確信を持ったことはない。私が医師－患者コンサルテーションのビデオからとった引用は、データなのか？　しかるに、医師－患者コンサルテーションについて論じている社会科学論文からの引用は、データではないのか？　私は自分の議論を展開するために両方とも利用する。したがって、私にとっては両方ともデータである。同じように、インタビューの中で扱われているトピックはデータなのか？　しかるに、インタビュー・スケジュールそれ自体や、その展開へと導いた読書や議論は、ともかくもデータではないのか？　これらあらゆる領域の活動が、私の議論を生み出す中核をなしている。

　単に狭い意味での「データを生み出す」ことについて考えるのではなく、むしろ、材料の多様な集積であるアーカイブを作り出す、もしくは産出することについて考える必要があり、それによって、特定の問題や問いに取り組み、考えることが可能になる。実際的なレベルでは、これは、さまざまな異なる材料を収集し、処理することを意味する。そして明らかに、アーカイブがどのような材料で構成されるかは、特定のリサーチクエスチョンと、理論的にたどってきた経路との両者によって自ずから決まる。研究可能な材料となり得るソースについて手短にレビューするために、この後の議論を次の2つの領域に分けようと思う。一つはドキュメントにもとづくソースであり、もう一つは音声とビジュアルにもとづくソースである。これはまったく恣意的な分け方であることを述べておかねばならない。たとえば、録音記録が書き起こされるとき、それは、ある意味では、ドキュメントへと翻訳されることになる。しかしこのように作業上恣意的に分けるのは、ここでの話が理解しやすく煩雑になりすぎないようにしたいという、私の必要からである。

ドキュメントにもとづくソース

　明らかにこれは、より簡単にアーカイブを作れるように見える。そして、正直に言って、実際そうであり得る。取り組むことができる多くの材料が、紙で、あるいはウェブ上に公開されていて、既に「公的領域」にあるから、それらを

使用するための同意を得たり、しばしばとても忙しい人たちを募ったり録音したりするプロセスを経る必要がない。考慮すべき主要な問題は、まずどうやってドキュメントを**発見**し、それからそれを**手に入れ**、そしてそれから、それをある種の形として**記録する**かである。本節では、利用可能なドキュメントのいくつかの例を挙げて一般的ないくつかの落とし穴や問題について語るにとどめ、9章で、さらに詳細なケースを挙げようと思う。

どこでも手に入りもっともアクセスしやすいドキュメントのソースは、**新聞と雑誌記事**である。ウェブ版も紙版も、多くの学術プロジェクトにとっての膨大な潜在的資源である。簡単に分析に利用できる材料がいかに多くあるかは、多様な週刊・日刊の地方・全国紙がどれだけあるか、さらには、日々目にする、ますます増え続ける一般誌・専門雑誌の数を考えればすぐわかる。こうした材料に取り組むことを通して、文化や制度的実践の変遷経路について、多くのことを学ぶことができる。

たとえば、最近の一つの現象、すなわち、特に男性とその身体との関係を取り上げた記事と雑誌を見てみよう。『メンズ・ヘルス』といった月刊誌の表紙を見ると、男らしさの特定のディスコースを目撃するだろう。それぞれの表紙には、腹筋が割れた男性の写真と並んで、「1ヵ月で腹を引き締める方法」あるいは「割れた腹筋を作る6つのエクササイズ」といった見出しが見える。これは、次のようなさまざまな問いを呼び起こす。男らしさのどのような（新しい）バージョンが奨励されているか？　男性は、自身の身体と自己のアイデンティティとの間にどのような（新たな）つながりを作り出そうとしているのか？　男性は、（今では）女性の注視の対象か？　これらの見出しやそれらが言及する記事の分析から、いかに男らしさの新しい形態についての大いに興味深い問いが呼び起こされるかが、容易にわかるだろう。

新聞の見出しだけに焦点をあてた研究も行われてきた。たとえば、リー（Lee, 1984）は、「14歳のガールスカウト、ヘルズエンジェルス[訳注]の集会でレイプされる」という見出しについての鮮やかな分析を行っている。いろいろある中で、彼は、この見出しがいかにして、私たちの注意を引きつけ、その記事を読むよう説得的に作用しているかに注目した。この見出しは、疑問を提起する。

［訳注］「地獄の天使」。オートバイを乗りまわす暴力団のことを言う。

2章　アーカイブを生み出す　| 15

「ガールスカウト」と「ヘルズエンジェルス」という2つの人々のカテゴリーは日常的には結びつかないが、それらがどうして一緒になっているのか？　彼らはどのようにして同じ場所にいたのか？　そしてこの場所は、ガールスカウトのような組織や活動とは異質の特定のタイプの場所、「ヘルズエンジェルスの集会」である。一部この疑問の解決を求めて、この記事を読むかもしれない。私たちがこれを潜在的な疑問として受け取り、可能な解答を求めてこの記事を読むのは、文化や文化的カテゴリーについての共有された理解に密接に依存している。**雑誌記事や新聞報道**に加えて、他にも**広告、雑誌の表紙、恋人斡旋**や**「出会い系」広告**などに見られるテクスト（やイメージ）にも焦点をあてた研究がなされてきた。

　したがって、単独の見出し、単独の記事、もしくは単独の出版物に焦点をあてることから、非常に多くの**内外の新聞**に焦点をあてるものまで、広範にわたって研究されている。かなり大きなアーカイブを使った研究では、明らかに、何とかしてアーカイブを**管理**できるようにしなければならない。たとえばサール（Seale, 2002）は、異なる文化にわたってガンが地方紙および全国紙にどのように描かれているかを研究した。彼のアーカイブは、ある1週間における、「cancer（ガン）」「leukaemia（白血病）」もしくは「leukemia（白血病）」という単語を含んだ世界中の英字新聞にもとづいていた。ちょうど1週間分の新聞に集中するという選択は、以下のようなさまざまな実際的な配慮によってなされた。

- 管理可能な数の記事を生成すること。最初の調査では2,419件の英字記事が挙がった。
- これだけの量の適合する材料を取り出して集めるコスト。彼は、材料を集め整理してeメールで送ってくれる専門会社を通した。昨今では、多種多様なニュースのサーチエンジンやデータベースを、多くは無料で使うことができる。
- 彼は、翻訳に伴うコストや潜在的な問題のため、英語で書かれた記事のみを対象にした。

単純に多くの記事を探し、収集し、ふるいに掛け、それらを物理的に、ある

いは電子的に扱うには、莫大な時間と金銭的コストがかかり得ることを自覚している必要がある。

　研究のためのドキュメントのもう一つの潜在的に膨大なソースは、**学術刊行物**である。これらは、諸科学、医学、芸術、人文社会科学領域にわたっており、また、歴史的に古いものから現代のものまで揃っている。明らかに、「歴史的」という用語は条件次第であって、10年前のドキュメントから、たとえば300年前（そしてもっと前）のものまで、あらゆるものに言及し得る。現代の多くの研究が、他の研究者の莫大な量の現代もしくは歴史的な学術論文や書籍に焦点をあてている。この種の研究の多くは、初心者には、含まれている材料がどのように発見され選択されたかについて（もしくは分析されたかさえ）、何もヒントがない。

　多くの研究と同様に、学術刊行物の分析も、多くの常識的な実践とそれに関連した探知作業を含んでいる。私は録音記録や実際のインタビューを利用して、社会研究者がどのように質的インタビューを行うかについて研究していたとき、研究者たちがインタビューはどのようなものであるべきと語られてきたか、理想的なインタビュアーの実践の処方箋として何が推奨されてきたかを知りたいと思った。社会科学、とりわけ社会学において質的インタビューが選択される方法となってきており、また、「良いインタビュアーになるには」に関する大量の文献が存在することから、私はこれが重要だと感じたのである。焦点をあてるべき鍵となるテクストについては、既にいくつか知っていた。というのも、これらのテクストは、質的インタビューを用いるという選択の正当性を述べる際に、「誰もが」引用していると思われる論文や本だったからである。私はこれらの論文や本にあたり、その文献リストを見て、さらにさかのぼっていった。「芋づる式検索（reference chaining）」として知られるやり方である。それから、それらの論文を見つけ出し、このプロセスを繰り返した。それは行き当たりばったりの行為であり、大いに関連するものもあれば、まったく余分なものもあった。さらに質的インタビュー法のより最近の文献を探して、ウェブの文献探索も行った。私は、（本書のような）より「基本的な」方法のハウツー本や、もっと「学術的な」、哲学的・方法論的な議論を探し出して読んだ。また、質的インタビューを方法として用いた研究論文もたくさん集めた。

　その結果、私は、山のように積み上がった論文や書籍の章のコピー、大量の

2章　アーカイブを生み出す　｜　17

図書館の本（と図書館の延滞料）を持つことになった。この間、私は、これらのテクストの中に現れた議論に何らかの秩序を持たせるべく、整理しようと試みた。そのために、パターンや類似性を追い、不連続点を探した。アーカイブを作る初期段階で、私は圧倒された。読んでいる多様なテクストの間に筋の通った分類を行うにはコツが必要であった。次第に、「良いインタビュアーになるには」に関するさまざまなディスコースの感覚を発達させるにつれ、それはより容易になった。何度かの失敗の後、私は最終的に、一貫しており、かつ、もっとも重要なことだが、私のアーカイブの材料を反映した、方法論の異なる処方箋の類型学を開発した。

　さらなる材料のソースは、**政府刊行物と議会議事録**である。大多数の政府が多くの刊行物を作成し、それらはしばしばウェブから無料で利用することができる。そうした刊行物は通常、将来の政策や戦略の方向性を概括し、特定の問題に関する今日の議論や研究について吟味している。こうしたドキュメントは、とりわけ、それらが法律制定や社会の組織や制度における過去および近い将来の（あるいは予見される潜在的な）変化を記録している場合には、しばしば特定の問題についてのさまざまなディスコースを発見し、それらを関連づける、すばらしいソースとなる。イギリスでは、下院と上院における議論は、『ハンサード[訳注]』と呼ばれる大部な一連の本にすべて記録されている。大麻の合法化から性差別に関する法律まで、議論の経路をたどることができる。これらはすべて、誰でもアクセスすることができる**公的ドキュメント**なので、ただそれらに物理的にアクセスし、大量の資料を見て回ることに集中しさえすればよい。

　イギリスでは、当初は外部に見られることを想定されていなかった政府省庁のいくつかの**非公式ドキュメント**にアクセスすることもできる。こうしたものには、国際的な往復書簡のほか、省庁の公務員同士の間や、公務員とさまざまな民間の専門家や組織との間で交わされた手紙やメモも含まれる。たとえば、ギドリー（Gidley, 2003）は、20世紀初頭のイースト・ロンドン・ユダヤ急進派の体験について調査するため、ロンドンにある国立公文書館のドキュメント

［訳注］イギリス国会議事録。1899年まで議事録を編纂したLuke Hansard（1752-1828）とその子孫の名前にちなむ。

を用いた。こうした団体の個々のメンバーは、イギリス警察や他の政府部局によって綿密に監視されていたので、警察が作成した反戦集会のトランスクリプションや彼らが集会をもったさまざまな現場の報告書を含む、豊かな資料を見つけることができるのである。こうした記録ドキュメントと取り組んで、彼は、急進派自体についてだけでなく、こうしたコミュニティを取り締まったり管理する歴史についても、いろいろと発見した。

　政府に基礎を置くドキュメントの場合と同様に、通常、**非政府組織、会社、慈善団体や施設の公式ドキュメント**にもアクセスすることができる。たいていの組織は、プロモーション用のリーフレットから公式発表や報告書に至るまで、何らかの公的広報物や公的ドキュメントを持っている。ここでもまた、こうしたものにより、特定の分野やその変遷に取り組み、その経路をたどることができる。もし喫煙をめぐるさまざまなディスコースに焦点をあてたいならば、反喫煙団体と喫煙推進団体から出されたリーフレットや印刷物、医療専門家が運営している団体の報告書やタバコ会社によるプレス・リリースを探せばよい。確かに、こうしたソースは、アーカイブの一部を構成するにすぎないかもしれない。こうしたタイプの組織の非公式な、内部の、あるいは内々のドキュメント、すなわち、「舞台裏の」顔にアクセスすることはしばしばきわめて困難であり、通常は、既に誰か内部に知っている人がいるか、本当の粘り強さ、あるいは、まったくの運を必要とする。

　多くの社会科学者によって日頃から使われてきたソースは、**日記、伝記、文学や詩**である。確かに、日記や伝記は文学よりも明らかにより事実としての地位が与えられており、その人が描写しているどんな時代や実践にもアクセスすることができる。歴史的に言って、本人が（いかなる理由にせよ）かなり有名で、そのため、その人の日記が実際に出版されているといったことがなければ、その日記の存在に気づくことだけでも問題となり得る。しかし、ブログへの書き込みの急増がこれを変えた。ブログは、ありふれたお決まりの日常の活動や体験の描写、より内輪の実践や政治的な観点の描写に関する、容易にアクセス可能な魅力的なソースであり得る。これと並んで、文学や詩は、しばしばフィクションと呼ばれるが、歴史的な、また現代的な社会・文化的な考え方や実践の見事な記録であり得る。たとえば、現代の「女性向け小説」は、女らしさ（と男らしさ）の広範なバージョンを見事に記録している。そうした架空の

2章　アーカイブを生み出す　19

説明は、決して見当違いだったり私たちの社会的世界の外部にあるのではなく、むしろ、特定のトピックや考えを反映する、もう一つのやり方を提供している。

　ウェブは、特定のドキュメントにアクセスできる空間として有用なだけではない。ブログやフォーラムからツイッター、フェイスブックのようなソーシャルネットワーク・サイトに至るまで、ユーザーが生み出す内容には、あらゆる人間の生活の側面を発見することができる。しかしこれらをデータとして研究する場合には、関係者の引用許可を求めるべきか否かについて、真剣に考えるべきである。私が所属するいくつかのフォーラムは、研究材料として使われるいかなる記事投稿もサポートしていない。

ドキュメント研究に取り組む際に実際に考慮すべきこと

　ドキュメントに物理的にアクセスすることは重要である。明らかな出発地点の一つは、インターネットで検索することである。しばしば必要ないくつかのドキュメントを見つけることができ、少なくとも、それらを見つけるためにどこに行く必要があるかを知ることができる。今では専門的な図書館のウェブ・ディレクトリがあり、オンライン上で利用できるだろう。

　もう一つの解決策は、近隣の大学や公共図書館である。そうしたところに必要とするまさにそのものがないことも、しばしばあるだろう。そういう場合には、他の図書館から借り出すことができるかを確認する必要がある。これはいつでも満足のいく解決法ではないかもしれない。図書館によっては、1回にリクエストできる数に制限を設けていたり、借り出すことができないものもあるかもしれないからである。また、多くの場合、注文した記事、書籍や雑誌が本当に必要とするものかどうかは、実際にそれを読んでみるまでわからないかもしれない。

　もし研究がかなり専門的であったり、歴史的なドキュメントに焦点をあてている場合は、（しばしば公文書館として知られている）専門的な図書館を訪れなければならないだろう。イギリスでは、こうした公文書館の例としては、国立公文書館（イギリス政府の公的なアーカイブ）、女性図書館や国立フィルム・テレビ・アーカイブがある。図書館のコレクションによってはアクセスが制限されており、そうした場合には訪れる際に特別な許可をとっておく必要があ

る。こうした許可は、指導教員や大学からの書簡を求めるものから、その団体の（名誉）会員となる必要のあるものまで、さまざまである。コレクションによっては、オープン・アクセスできるものもある。たいていの場合、そうした専門的な図書館を自ら訪れる必要があるだろう。

　その他にも次に挙げるように、ドキュメントへのアクセスに制限が設けられている場合もあるかもしれない。

- 莫大な量の政府のドキュメントが公開され公の精査に利用可能であるが、いくつかのファイルは「非公開」となっている。特に軍事・諜報関連の報告の場合にそうなっていて、ドキュメントは公開されず、定められた一定年数の後にのみ公開される。そして、それらが「公開された」場合も、いくつかの単語が判読できないようにされたり、数ページあるいはファイル全体が削除されることがある。
- ドキュメントが、組織の中や個人間で「内的に」用いるために作成された場合、通常それらにアクセスする際にはいくつか問題が生じるだろう。そもそも、それらが存在することを発見すること自体が、問題となるかもしれない。そうしたドキュメントにアクセスするためには、明らかに、研究対象としたい特定の組織や個人と交渉する必要があるだろう。
- 扱うテーマによっては、高度に技術的もしくは専門的な用語、略語やしきたりを使用したドキュメントを研究対象とすることになるかもしれない。しかし、研究の経過の中で、その分野に没頭するにつれて、その領域のメンバーにとっては自明の言語に、より一層なじんでいくことが望まれる。そうしたケースでは、当初、手助けとなるよう「専門」辞書を用いることができるかもしれない。あるいは、適切に翻訳してくれる内部の人にアクセスしてもよい。また、他の社会科学者によって書かれたその領域についての説明を読むことが、しばしばその言語の形式や決まり事について学ぶ助けとなり得る。
- 領域によっては、鍵となる可能性があるドキュメントないしは一連のドキュメントが、読むことができない言語で書かれているとわかるかもしれない。適切な翻訳者を探すか、同僚や友人に、それ（の一部）を翻訳できるか尋ねてみる必要がある。外部にドキュメント全体の翻訳をしてもら

うのは、大変高価になり、お金を支払う前に、実際そのドキュメントが主要なものか否か、また、研究するのにどのレベルの詳しさが必要なのかをチェックすることが必要である。逐語訳が必要なのか、簡単な要約で十分なのか、あるいは、特定部分の訳だけが必要なのか？

　ドキュメントに（できるだけ）綿密に取り組もうとする際には、実際にオリジナルのドキュメントのコピーが複数必要である。内部の組織のドキュメントもそうだが、図書館にあるドキュメントを扱う際には、しばしば、オリジナルのドキュメントを持ち出すことが許可されない場合がある。ドキュメントによっては、しばしば経年変化（や組織内での潜在的な保護の必要）のために、コピーが一切できず、メモをとることしかできない場合もあるかもしれない。1回の訪問では、手書きで（できればノートパソコンを使って）ノートをとれる量や、あるいは、逐語的に書き写すことができる量には限りがあることを肝に銘じておくこと。また、図書館によっては、1回の訪問で請求できるドキュメントの数や、1回にコピーできるドキュメントの数に制限がある場合がある。

　最後のポイントは、**実際にドキュメントを集めている最中**に、そのドキュメント（もしくはその特定の引用）がどこから来たのかについて、詳細なメモをとることを忘れないことである。私はそう心がけてはいるのだが、書く段になって、それをどこで手に入れたのかも、参照文献も皆目わからないドキュメントや引用が、少なくとも一つは見つかる。私の過ちを繰り返さないようにしてほしい。

ドキュメントを研究対象とすることに関するまとめの提言

　一般に、広範囲のドキュメントを研究対象とするが、それらには次の2種類がある。

- **一次情報** —— 歴史的に現代の説明、あるいは、直接得た説明
- **二次情報** —— 歴史的・空間的に遠い説明、あるいは、間接的に得た説明

　たとえば、劇場を訪れる際、全員がとても静かに着席し、比較的動くこと

もなく、こうしたルールを破る人を非難したりする（時には、そうした人に対し怒りを感じる）のはなぜなのかに、私は関心を持つようになった。そこでさまざまなアーカイブを訪れて、ロンドンの劇場における観客に関する資料の山を集めた。劇場好きの人たちがだんだん「飼い馴らされる」ようになったのは、比較的最近、19世紀から20世紀の間、とりわけ1880年代であることがわかった。それ以前は、観客たちは、うまいと感じた独白を繰り返すよう俳優に向かって叫んだり、ステージ上に設置されているより高価なチケット席を購入した友人に話しかけたり、あるいは、「へただ」と感じた俳優に食べ物を投げつけたりしていた。よりカーニバル的だった昔の観客から現在の従順な人々の集まりへの変化は、さまざまな流れによって影響された。それには次のようなことが含まれる。

- 新たな中産階級の台頭（新たな「礼儀正しさ」の価値や規範を伴う）
- ガス灯を用いた舞台照明の導入（観客は暗闇に座ることになった）
- 一部の劇場経営者の起業家としての活動（新たな洗練された中産階級に供するための劇場の建設や改装）

　この研究は、演劇のパフォーマンス、デザイン、上演や所有権の歴史に関するより「学術的な」書籍と論文といった二次情報と、そして19世紀の批評家による特定の上演や観客の行動に対する批評、俳優と観客の日記や手紙、新聞記事、議会での議論や劇場業界誌といった、一次情報を用いることによって可能となった。

　しばしば最良の出発点は、**特定のトピックに関する他の学術的研究を読み、彼らがどんなドキュメントを用い、どこでそれらを見つけたかを見出すこと**である。こうした二次情報は、オリジナルのドキュメントへの批評やその（一部の）コピーがあったりするし、また、オリジナルのドキュメントを得た特定の場所の詳細があるかもしれない。一般的には、ただこうした二次情報に頼るのではなく、あれこれのオリジナルのドキュメント、すなわち、一次情報に分析の焦点をあてたいと望むものである。

　たとえ研究の主たる焦点が、研究関心である特定のトピックについての知識を出版、学問、個人や組織がどのように描いているかにはないとしても、ある

2章　アーカイブを生み出す　23

いは、私たちが今日当たり前だと考えている考えや実践、制度の歴史や発展を
たどることには関心がないとしても、そうしたトピックについてのドキュメ
ントは、研究に取りかかったり、再考する助けとなり得る。それらは、いかな
る形式の研究にとってもきわめて重大な資源であり、「文献レビュー」、「背景
知識の読み込み」、「フォーカスグループのための質問の作成」と呼ばれる段階
もしくは実践の一部なのであって、研究について新たな（そして古い、長く忘
れられてきた）考えを誘発する方法となるだろう。このように、テクストベー
スのドキュメントに気づき、それに取り組むことは、**あらゆる研究実践にとっ
て必要不可欠である**。現代の研究実践でその他に鍵となるソースは、音声とビ
ジュアルにもとづく情報である。次にそれらについて述べる。

音声とビジュアルにもとづくソース

　ドキュメントと同様に、研究の対象となり得る広範で多様な潜在的ソースが
あり、増大の一途をたどっている。ドキュメントにもとづく研究は、多くは出
版物という形で既に存在している材料を対象としている。一般にそこでの主な
問題は、それらを閲覧・入手することにある。音声とビジュアルにもとづく
ソースを研究対象とする際には、材料のいくつかはテレビ番組のように既に存
在している一方、その他については、インタビューややりとりのビデオのよう
に、研究者自身がその作成に参加しなければならない。
　研究対象にはさまざまなソースがあり、たとえば、あらゆるタイプの**ラジ
オやテレビ番組の記録**が研究されている。多くの研究が、ラジオとテレビ両
者の**ニュース・インタビュー**についてなされてきた。ヘリテージとグレート
バッチ（Heritage & Greatbatch, 1991）は、ニュースのインタビュアーとイン
タビュイーの間で生じるやりとりを理解するために、ニュースの音声録音と
ビデオ録画記録を用いた。たとえば、ニュースのインタビュアーは決まって、
「あなたは間抜けだ」とは言わず、「スミス氏は、あなたは間抜けだと言って
いますが」、あるいは「あなたは間抜けだと言っている人たちがいますが」と
いうように話す。これはまさに、ニュース・インタビューの「不偏性」や「客
観性」をローカルに作り出し、ニュース・インタビューという制度の不偏的な

地位を維持する実践の一つである。このタイプの研究は、話し手たちのやりとりのしかた、すなわち、語りの**形態**に微細に焦点をあてることに関心があり、しばしば、番組で実際に語られた特定のトピックにはそれほど関心がない。ウィリアムズら（Williams et al., 2003）は、別のアプローチをとり、語られた実際の**中味**に焦点をあてた。彼らは、胚幹細胞研究についての情報がどのようにニュース・メディアを通して描かれたかに関心があった。彼らは、幹細胞研究に関して賛成派と反対派による倫理的な議論がメディアによってどのように報道されたかについて概観するため、新聞記事と共に、**テレビ放映された議論**に焦点をあて、テレビニュースのレポートの録画を用いた。

　研究者はまた、**ドキュメンタリー**も分析してきた。そうした研究では、その番組が、特定の説明を「事実」として、または「客観的」なものとして作り出すために、どのように取り組んでいるか、また、そのドキュメンタリーがどのような特定のバージョンの世界を描いているかに焦点があてられた。**ラジオのトーク番組**に焦点をあてた研究者もいる。ある研究では、視聴者電話参加番組の内容、すなわち、扱われた特定のトピックや議論に焦点をあてた。他の研究者は、たとえばハッチビー（Hutchby, 1996）のように、そうした番組の形態により焦点をあてた。彼は、こうした番組の司会者が議論を盛り上げるために、どのような作業を行っているかを概観している。司会者たちは、中立的であり続けるよりむしろ、電話をかけてきた人の見方とは決まって反対の論点を取り上げ、議論が盛り上がる語りを促し、またときどきは、電話をかけてきた人の見方に率直に賛成していた。

　どのアプローチをとったにしても、これらすべての研究者は、自身の特別な資料アーカイブを作り上げなければならなかった。なかには、既存のアーカイブから特定番組の記録を入手した研究者もいる。たとえば、ウィリアムズら（Williams et al., 2003）は、2000 年におけるヒト遺伝子研究に焦点をあてた、主要なすべてのテレビニュース速報とイギリスの全国紙の記事を納めたアーカイブにアクセスした。このケースでは、誰かが既に、すべての関連する（国内の）材料を収集しており、彼らの分析は、そのアーカイブの資料にもとづいていた。彼らがしなければならなかったことは、幹細胞に言及しているすべての資料を見つけ出すために、アーカイブを精査することであった。一般に、このような幸運に恵まれることはめったにないだろう。研究したい特定のトピック

分野には、そうした包括的なアーカイブが存在しないかもしれない。しかしそうは言っても、何か存在しないかチェックすることはいつでも価値がある。それらは、特定の学者、学術部門や専門図書館に保管されているかもしれない。

　ゼロから始め、実際に自分の資料を発見し、記録しなければならないことの方がより一般的である。その際、比較的容易なのは、録音・録画である。必要なのはテレビであれラジオであれコンピュータであれ、ソースと、適切な録音・録画機器だけだからである。多くのラジオやテレビの番組が今ではウェブ上にアーカイブされており、そこからダウンロードできるだろう。また、大学の視聴覚部門が（十分な事前通知と適切な事務手続きをすれば）、番組を録音・録画してくれる設備を持っているかもしれない。その番組を放送したラジオ局もしくはテレビ局とコンタクトをとってみることも、いつでもできる。研究の関心について説明すれば、コピーを提供してくれるかもしれない。いずれにしても、**自国の著作権法**がどのようになっているかに**注意を払うこと**。テレビ番組の静止画像を学術雑誌に掲載したい場合には、まず間違いなく、その画像の著作権者の許可を得なければならない。その番組を放送した会社か、実際に制作した会社とコンタクトをとることになるだろう。

　ドキュメントにもとづく資料の場合と同様に、**メロドラマ、シリーズ・ドラマ、演劇や映画**といった、フィクションのラジオ番組やテレビ番組に焦点をあてることもあり得る。これらについてもまた、しばしばカルチュラル・スタディーズというタイトルのもとで莫大な量の研究があり、特定のテーマやアイデアがフィクション媒体の中でどのように探究され、表現されているかに焦点をあてている。たとえば、今度恋愛コメディを観るときに、ジェンダーのある種のバージョンがどのように位置づけられ、維持され、そして（時には）覆されるか、また、それらが決まって、異性愛の関係をその**唯一**の形態としていかに作り出しているか、考察してみよう。同様に、『スター・トレック』のようなSFシリーズは、人間らしい実践の特定の道徳的・倫理的バージョンをどのように提供しているか？　生物工学の役割をめぐる議論が、このようなシリーズの中で、どのように反映され、探究されているか？　テレビ番組とラジオ番組は、生活における（ほとんど）あらゆる活動や形態に焦点をあて、描写し、表現している資料であり、潜在的に研究可能な豊富な資料であると言えよう。

インタビューやフォーカスグループの記録を研究している研究者もいる（Barbour, 2017; Kvale, 2007/Brinkmann & Kvale, 2017 参照）。通常、これらのタイプのデータに関するディスコース研究は、より語りの中味に焦点をあててきた。たとえば、エドリーとウェザレル（Edley & Wetherell, 1997）は、十代の少年たちの小グループへのインタビューを用いて、彼らが自分のジェンダー・アイデンティティについてどのように語るかに焦点をあてた。彼らは、インタビュイーが男らしさについて複数の、しばしば矛盾するバージョンをどのようにして作り出し、「マッチョな男」や「弱虫」と見なされないよう距離をとるために、どのようにしているかに注目した。少年たちは、自身を「これまでにない男」として見られたいと思っていたが、そう思いながら、この新しいアイデンティティは未だ、「マッチョであること」の価値にもとづいていた。

「自然に生じる」データの必要性

シェグロフ（Schegloff, 1999）は、言語療法士（脳の言語野の機能不全によって生じる言語障害を扱う人たち）について、次のような話を紹介している。

> 失語症患者の検査に従事しながら、彼は通常、患者がコーヒーを飲んでいる休憩時間を、メールチェックなどに使っている。ある日、休憩時間にたまたま、彼は喫茶室で患者たちと一緒になったところ、その患者たちが、彼ら同士や親戚と話をしながらいろいろ行っているのを聞いて驚いた。先ほどの検査時間にはそれが「できない」ことを示したばかりだったのである。（1999, p.431）

この話は、日常生活の文脈の中で人々が行っていることに焦点化することのもつ潜在的な利点を、うまく示している。インタビュー、実験、あるいは既に知っていることのイメージによるのではなく、「自然に生じる」やりとりの録音・録画記録や観察を用いることによって、人々の行為ややりとりに対する異なる見方を得ることができる。

近年、インタビュー・データやフォーカスグループにもとづくデータのみに頼ることが支持されなくなってきている。こうした研究者にとっての問題は、

そのようなタイプのデータは、参加者が行っていることの自己報告や彼らの説明のみに頼っている、ということである。ストロング（Strong, 1980）は、医師に対して行ったアルコール依存症者の治療に関するインタビューについて非常に洞察に富んだ分析をしているが、その直前でこう述べている。

　　もう一つの留保。いかなるインタビュー研究の形態も、いかに狭猾な、あるいは形式ばらないものであったとしても、観察データの適切な代用とはならない。私や他の人たちがこうしたインタビューから導き出す実際の実践についての推論は、したがって、いささか正統性を欠くものである。私の言い訳はさしあたり、私たちはアルコール依存症者の治療についてのより良いデータを持っていないし、より一般的には、自分自身、これまで行われてきた医療コンサルテーションのそうした数少ない観察研究にできるだけ十分にもとづくよう、少なくとも試みてきたということである。これらすべてがアルコール依存症の特定の実践問題に対する十分なガイドたり得るか否かは、さしあたり課題として残されている。（1980, pp.27-28）

　ストロングの見解に賛成したい。私には、人々の日々の実践を理解するために参加者の説明のみを用いるインタビューやフォーカスグループ研究は、問題をはらんでいるように思われる。

　インタビューやフォーカスグループは、時間や金銭的な意味では、「問題」にアクセスする経済的なやり方ではあるだろう。人々にある種のトピックについて「考えていることを声に出して話して」もらうことで、簡単には分析のために利用することができない問題にアクセスする、経済的なやり方でもあるに違いない。しかしそうは言っても、たいていのトピックは「自由に分析可能」である。ホルスタインとグブリウム（Holstein & Gubrium, 1995）が述べているように、「家族」というトピックを理解するために、人々にインタビューしたり、彼らの家に入っていく**必要はない**。「家族」がどのように組織化され、生成され、またかけひきされるかを、バスの中で、スーパーマーケットで、新聞で、トークショーで、法律の中などで見ることができる。ポイントは、それがインタビュー、フォーカスグループ、あるいは、オフィスやスーパーマーケットでの観察であるかにかかわらず、**人々の行為ややりとりが文脈に状況づけら**

れていることに敏感であるべきだ、ということである。文脈に状況づけられるとは、単純に、私たちは、自身がその中にいる特定の文脈の、しばしば語られない規範、ルールや期待に「合わせて」（またそうすることでそれらを生み出して）、行為ややりとりの大方を形成するということを意味している。文脈的に状況づけられているということが何を意味するかを理解するには、パブや友だちの家にいるときと、教会や教室にいるときとでどのように違った振る舞いをするか、あるいは、友だちによって、あるいは、家族のメンバーによって、同じ話であってもどのように異なったやり方で物語るかといったことを考えてみればよい。また、誰かがある状況で「奇妙に」振る舞っていれば、一目ですぐにわかる。この奇妙さという感覚は、部分的には、その文脈にとって適当な行為が何であるかの期待が破られることから生じているだろう。

　「自然に生じる」やりとりに焦点をあてることが好ましいと言うとき、それが何を意味しているかに注意することは重要である。ある人々は、研究者によって導かれた、もしくは、研究者によって引き起こされたものではないデータのみを使うべきであることを意味すると捉えている。この見方によれば、インタビューやフォーカスグループのデータを研究対象とすることには興味がなく、研究者がいないときに生じるであろう出来事を記録・分析することにのみ興味があることになるだろう。この流れの議論において、究極の目標は、いかなる研究者の行為によっても（当然ながら）汚染されていないビデオ・音声データのみを用いることである。隠しカメラや隠しマイクを使い、その場に決して存在しない以外は、これは不可能な夢である。ユビキタスコンピューティングの到来によって、小型化されたウェアラブル機器による記録が、生活の中で普通に使われるようになり、これを変えるかもしれない。記録機器を身につけ、展開している彼らの生活のあらゆる側面を捉えて配信するライフブロガーは、この先端にいる。しかし、数多くのやりとりの研究が示してきたように、出会いの創発的な性質は、その場面のあらゆる側面にわたる全体と密接に関連しており、それには、カメラやマイクのような「沈黙の目撃者」の存在も含まれる（たとえば、Speer & Hutchby, 2003 参照）。

　しかしながら、私が自然に生じる活動に焦点をあてることで意味することは、ある行為ややりとりが、それが警察の取調べであれ質的インタビューであれ、どのように「自然で」、正常で、通常のこととして生じるのかを発見する

よう試みるべきだ、ということである。したがって、フォーカスグループの司会者に、どのようにフォーカスグループを運営しているか尋ねるだけよりも、何らかの形で実際にフォーカスグループを彼らが運営しているのを記録することを通して、「いかに彼らがフォーカスグループを運営しているか」をよく理解できるだろう。同様に、カウンセラーにどのようにカウンセリングを行っているか尋ねるよりも、彼らが実際にカウンセリングを行っている場面の記録を数多く観察することを土台にしたいと望むだろう。この観点から、研究者によってインタビューや他のソースから導かれた情報は、カウンセラーがどのようにカウンセリングを行っているか、あるいは、フォーカスグループの司会者がどのようにフォーカスグループを運営しているかを描写しようと試みる際に、やはり役に立つ。しかしながら、データの第一ソースは概して、彼らがそれを行っているときに、実際にしていることの録音・録画であるだろう。カウンセラーがカウンセリングしているときのビデオ記録と特定の実践に関するカウンセラーとのインタビューの両方を分析すれば、明らかに、研究者の行為や何らかの記録機器が進行中の出会いにどのように影響を及ぼしているかを考慮することができる。

したがって、この意味における自然に生じるやりとりの必要性とは、どのようなデータソースによろうとも、**関心を抱いている特定のことがらがどのようにして日常的に生じるのか、あるいはそのようなものとして「現れる」の**かについての理解を生み出すことに研究の主要な関心がある、ということである。そうであるから、このタイプの研究に関心がある研究者は、チベットの僧侶は論理についてどのように議論するのか、神経生物学者はラットをどのように解剖するのか、質的なインタビュアーはどのように質問するかといったことから、友だちに話すときに人々はどのように反対するかまで、広範囲にわたる実践に焦点をあててきた。これらの研究のすべては、少なくとも、実践が生じる際の観察や音声・ビデオ記録にもとづいている。そこで以降の章では、音声とビデオにもとづくデータをどのように生み出し、研究するかについて、さらに整理して説明しよう。

まとめ

　研究対象とすることができる潜在的な資料のソースについての考えを多少とも得ていただけただろうか。また、利用可能な選択肢の数に圧倒されすぎないでいただきたい。理想的には、行う必要があることは、研究の焦点は何か、とろうとしているアプローチは何かについて、ごく一般的な感覚を身につけることである。そうすれば、知見や結論を引き出すために、どんな資料を生み出していったらよいのかを決定できるだろう。

キーポイント

- アーカイブ、すなわち、特定の研究問題や問いに取り組み、そのことについて考えることを可能にする、多様な資料のコレクションを生み出すべきである。そのアーカイブには、ドキュメントにもとづくソースと並んで、音声とビジュアルにもとづくソースが含まれ得る。
- 自分の特定のトピックに関する他の学術研究を読み、そして、それらがどのような研究資料を用い、どのようにそれらを収集したかを見出す。
- 研究者が主導する音声・ビジュアルにもとづく資料、たとえば、インタビューやフォーカスグループにのみ頼るよりも、むしろ「自然に生じる」データに焦点をあてるべきだと論じる研究者もいる。

さらに学ぶために

以下の著作には、本章で述べた問題についてより詳しい説明がなされている。

Barbour, R. (2017) *Doing Focus Groups* (Book 4 of The SAGE Qualitative Research Kit, 2nd ed.). London: Sage. ［バーバー／大橋靖史他（訳）(準備中)『質的研究のためのフォーカスグループ』（SAGE 質的研究キット4）新曜社］

Gidley, B. (2012) 'Doing historical & archival research', in C. Seale (ed.), *Researching Society & Culture* (3rd ed.). London: Sage, pp.263-282.

Kvale, S. (2007) *Doing Interviews* (Book 2 of The SAGE Qualitative Research Kit). London: Sage. ［クヴァール／能智正博・徳田治子（訳）(2016)『質的研究のための「インター・

ビュー』』（SAGE 質的研究キット2）新曜社］（改訂版は、Brinkmann, S. & Kvale, S. (2017)）

Scott, J. (1990) *A Matter of Record: Documentary Sources in Social Research*, Cambridge: Polity Press.

Taylor, S. (2001) 'Locating & conducting discourse analytic research', in M. Wetherell, S. Taylor & S. J. Yates (eds.), *Discourse as Data: A Guide for Analysis*. London: Sage, in association with The Open University, pp. 5-48.

訳者補遺

やまだようこ・麻生武・サトウタツヤ・能智正博・秋田喜代美・矢守克也（編）(2013)『質的心理学ハンドブック』新曜社

3章　倫理と「データ」の記録

> 研究「データ」を作成し記録する際の倫理的問題
> まとめ

この章の目標

- 自身の特定の研究プロジェクトについて考える際の助けとなり得る、より詳細なガイドラインと、考慮すべきいくつかの一般的な原則について知る。
- 研究を行いたい人は、研究している人々に対して敬意を払い、プロジェクト全体を通して、行為でそれを示すことに自覚的になる。

いかなるデータであれ、それを記録するのに先立って、研究の倫理的な意味について考慮しなければならない。近年、研究者の倫理的義務に対する関心が高まっている。研究に参加する人たちを「研究対象」から**研究参加者**と表現するように変化してきた。言葉の変化は、参加者の権利に対する関心と、それとともに、研究プロセスが参加する人々に対して潜在的にマイナスの影響を及ぼし得ることへの気づきを示している。さまざまな専門学会、たとえばイギリス社会学会やアメリカ心理学会、それから、多くの大学の学部や研究センターが、今では、自らの倫理規程、ないしは、何が適切な行為と見なされるかに関する詳細な勧告を有している（Flick, 2007a/2017a の 7 章も参照）。

　一般的に言えば、取りかかる研究に該当するであろう関連するガイドライン、勧告や倫理行為規程に自覚的であるべきである。たいていの国において、

33

- 健康に関連する研究
- 弱い立場の人々（たとえば、未成年者、精神障がい者）との研究
- 注意を要する、もしくは感情的なトピックを扱う研究（たとえば、幼児虐待、妊娠中絶）

には、より高いレベルの公的な承認とケアが必要とされる。たとえばイギリスでは、国民健康保険制度を利用する患者を研究対象とする際には、研究者は、国の研究倫理委員会に対して詳細な計画書を提出しなければならない。また、大学には倫理委員会があって、学生もスタッフ・メンバーも、どのようなフィールドワークであれ始める前に、研究計画書を提出することが必要とされていることも知っているべきである。特定の**法的義務**についても考慮しなければならないだろう。たとえばイギリスでは、患者の医療記録へのアクセスは、厳密に保護され管理されている。テレビやラジオの番組の録音・録画等、放送メディアを利用する際には、番組の映像や音声を再掲するための書面による許可を、特定の放送局から得ることが必要だろう。

　研究はとりわけ、**それに参加するいかなる人に対しても、心理的ないしは身体的ないかなる危害や苦痛も生じさせるべきではない**。そしてこのことは、フィールドワークの最中だけでなく、参加者とコンタクトをとる際にも、研究を論文として書く際にも、（望むらくは）研究が公刊される際にも同様に当てはまる。次に、研究に参加している人は誰もが、**自分が研究に参加していることを自覚しており、どのような研究であるか理解しており、それに参加することに同意しているべきである**。このことは、真の目的が隠されたり、もしくは参加者に気づかれないようにした秘密裡の研究を行うべきではないことを意味しており、人々を隠れて録音・録画すべきではない。昔の研究者は、隠し録音・録画を行っていた。たとえば、研究者としての身分を明かすことで暴行を受けるかもしれない極右武装組織や人種差別主義集団との会話を、隠れて録音していた。私はこの種の研究をすべきであると誰にも決して勧めはしないだろう。と言うのは、**危険な状況に身を置くべきではない**し、また、そういった研究を隠すことなく行うことが可能だからである。こうした集団の代表者の中には、話をしてくれる人もいるだろうし、彼らの印刷物やウェブ上の出版物といった、他のデータソースを使って研究を行うこともできるだろう。

私はここで、考慮すべき一般的ないくつかの原則の概略と、特定の研究プロジェクトについて考える際の助けとなるだろうより詳細なガイドラインについて述べようと思う。私が述べることのほとんどは、自分自身でとる録音・録画や写真にも当てはまることを指摘しておく。これには、研究者が段取りし、おそらく能動的な参加者であるだろうインタビュー（Kvale, 2007/Brinkmann & Kvale, 2017 参照）、フォーカスグループ（Barbour, 2017 参照）や、カウンセリング場面、会社の会議や教室内でのやりとりといった出会いの観察や記録（Angrosino, 2007; Coffey, 2017 参照）といったことがらも含まれる。公的な空間における記録には異なる考慮や規制が適用され得るが、これらについては本章の最後の節で取り上げる。

　以降の節において示すガイドラインは、かなり厄介に見えることを述べておかなければならない。でも、慌てないでほしい。以下に述べる勧告の大多数は、かなり容易に満たせる。研究トピックが適切で実行可能なデザインであり、探究する一連の良い考えを研究者が持っていれば、ほとんど問題はないだろう。たいていの人たちは、喜んで研究に参加してくれる。

研究「データ」を作成し記録する際の倫理的問題

　本節では、考慮すべき有用で広範なポイントが挙げられているので、イギリス医療監察委員会（The United Kingdom General Medical Council, 2002）によって作成されたいくつかのガイドラインを引用していこうと思う。自分の行う特定の研究プロジェクトに鑑みて、これらのガイドラインを利用すべきであることを強調しておきたい。それらは決して網羅的でも決定的なものでもない。プロジェクトの得ている特定の後援次第で、特別な行動をとることもあるだろう。

　核となる2つのガイドラインは、文面では、かなり自明なように見える。

- 記録する際にはその目的と、それをどう用いるかを説明すること。
- 適切に同意を得ている場面でのみ、記録すること。

　記録をとる前に、参加者に対し、記録をとってよいかを尋ねるべきである。

3章　倫理と「データ」の記録　│　35

しかしながら、研究場所にひょっこりやって来て、ビデオレコーダーと三脚を広げ始め、それから、「やぁ、ところで、録画してもいいですか？」と言うのは、まったくもって十分ではない。**インフォームド・コンセント**と呼ばれるものを得る必要がある。理想的には、参加者が参加するか否かについて十分理解した上で選択できるように、研究の性質と目的（それから、収集した記録を使って実際に行おうとしていること）について、彼らに十分な情報を提供することが必要である。実際には、何が実際に「適切な情報」を構成するかは、いつでも明確なプロセスというわけではない。私がどのようにインフォームド・コンセントを得たか、2つの例を示したい。そのうちの一つは、他方よりもより厳格である（ボックス3.1とボックス3.2参照）。

ボックス3.1　例1　建設業界の管理職者への、女性の役割に関するインタビュー

　このプロジェクトで、私は電話でインタビュイーを募集した。この最初の電話で、私は、プロジェクトの概要について次のような説明を行った。私たちは建設業界における女性の参加について研究を行っていること。女性に関して、その会社の現行における雇用の実際についてインタビューしたいこと。そして、誰がこの研究に資金を出しているかについて説明した。もし彼らがインタビューに同意した際には、彼らの元を訪れる適当な日時を調整し、また、インタビューを録音することができるか否かについても尋ねた。インタビュー録音を拒んだ者はいなかった。そして、インタビューの日に行くと、私は、研究プロジェクトについて何かさらに質問はないか、今でもインタビューを録音しても構わないかについて、彼らに確認した。多くのインタビュイーは、研究で何をしようとしているのか尋ねたので、私たちは、資金提供団体に対し報告書を書き、それから、学術雑誌に研究を公表することを説明した。私はまた、最終的な報告書のコピーをインタビュイーに送った。

ボックス3.2　例2　若者の医療経験研究

　この研究でアプローチした若者たちは、彼らの経験に関する質的データを収集することに焦点化した研究に既に参加していた。最初、質的研究チーム

の誰かが簡単にプロジェクトについて説明し、もっと詳しく知りたいか尋ねた。彼らが知りたいと言ったなら、彼らに情報を記したシートを送付した。このシートはおおよそA4版4ページで、冒頭部で、プロジェクトの目的について次のような概観を提示した。

この研究の背景は何でしょうか？

　一部のティーンエイジャーたちは公共医療からの支援を受けており、引き続いて病院を基盤とする成人医療サービスの支援を受ける必要があると思われます。子どもから成人への医療サービスに移ることを、私たちは「移行（TRANSITION）」と呼んでいます。私たちは、子どものサービスと成人のサービスの間で、医療が提供されるしかたにギャップがあることを知っています。このギャップのため、若者が医療サービスから脱落したり、彼らの状態についてよく知らない医師、看護師、セラピストに世話をされることにつながることがあります。

　イギリスのみならず世界中から、若者の公共医療をどう改善するかについての提言レポートが数多く出されています。しかし、若者が何をもって「成功した移行」と見なしているか、あるいは、サービスのどんな側面が、成人に移行するにあたって有用だと考えているかについては、あまり知られていません。私たちの研究のこの部分では、皆さんの協力を得て、若い皆さんの経験と好み、そして、「移行サービス」がどう機能すべきかを見出したいと思います。

この情報シートの表紙には、「彼らは何をすべきか」と記されていた。この研究プロジェクトでは、彼ら、彼らの親、医療専門職へのインタビュー、コンサルテーションの観察を含む幅広い活動がなされた。私たちは観察について、以下のように説明した。

陪席して臨床面談を観察します

　あなたの面談で何が起こるかを理解するため、そのいくつかに参加して傍らに座らせていただきたいと思います。こうすることで、あなたに何もかもを思い出そうとしていただくことなく、何が進行しているのか私たちが知るのに役立つでしょう。私たちは、関係する方々全員の同意を得た上

3章　倫理と「データ」の記録　37

で、面談を録音させていただきたいと思います。理想的には2、3、あるいは4つの異なる面談について観察したいと思っています。研究者があなたの面談日について教えてくれるようお願いしますが、あなたはどの面談が私たちにとってもっとも有用かを一緒に選ぶことができます。あなたは、このために何か違うことや特別なことをする必要は一切ありません。ただ、いつものように面談に行くだけです。

情報シートには、以下の記述が続く。

- 録音したこと、それを書き起こしたもの全体について、私たちは何をするか。それには守秘の問題も含まれる。
- 結果について何をするつもりか。
- ある若者が誰かが彼らに危害を加えている、あるいは傷つけていると開示したら、私たちはどうするか。
- 誰が研究をレビューするか、研究資金の提供者はどこか。
- さらなる情報が必要な際の連絡先の詳細。

もしプロジェクトに参加することに同意したら、彼らは研究者が訪れた際に同意書に記入し、サインする。研究の観察部分のための同意書は、以下の通りである。

同意書

研究同意書：若者とのコンサルテーションの観察

　　私はこれに
　　　　　　同意します　　　同意しません

　　私は情報シートを読み、了解しました。私には情報について考え、質問する十分な時間がありました。私は与えられた回答に満足しました。

　　私は、私の参加が自発的なものであり、したがっていつでも自由に、何ら理由を述べることなく、参加を取りやめることができることを了解しました。私はこれが、私の医療と法的権利に何ら影響を及ぼさないものであ

ることを了解しました。

　私は、研究者が本日のコンサルテーションを録音することを認めます。

　私は、研究の間に収集されたデータは、ニューカッスル大学の研究チームによって調べられ、すべての情報は匿名でかつ秘密が保たれ、私を特定するいかなる個人情報も私の医療専門家、あるいは最終報告、ないし科学的刊行物に記載されるいかなる他の人物によっても使用されることがないことを了解しました。

　私は収集されたすべてのデータ（コンサルテーションについての覚え書き、どこで許可が得られたか、録音記録）は施錠された書庫と、データ保護法に則ったニューカッスル大学のパスワードで保護されたコンピュータに保管されることを了解しました。

　私は、もし私が危害を加えられていると研究者が考えた場合には、彼らは私の安全を確保するためしかるべき者に告げなければならないことを了解しました。

　私は、上記の研究に加わることに同意します。

　私は、研究によって見出されたことのフィードバックを受けたいと思います。

　ここに氏名をサインしてください：＿＿＿＿＿＿＿＿

　ここに氏名を活字体で書いてください ＿＿＿＿＿＿　日付：＿＿＿

　この同意書に記入する前に、そしていかなる録音にも先だって、プロジェクトについて何かさらに質問がないか彼らに尋ね、若者の多くが私に非常に詳細な質問をした。

3章　倫理と「データ」の記録　39

これらの例が示すように、それぞれのプロジェクトに対し、鍵となる理論的な仮定やどのようにデータを分析するかの手順について説明する必要はない。どの程度細部を提供するかは参加者によってさまざまに変わり得ることを、指摘しておくべきであろう。とりわけ情報シートは、学問的な専門用語や省略表現を使わずに、**明確でわかりやすいスタイル**で書かれるべきである。

結果論になるが、私は、建設業界における女性の実践に関するプロジェクトを繰り返すことはないだろう。今日の法律至上主義の環境においては、参加者から同意書にサインをもらうことは**必須**である。私はまた、情報シートを提供することは、倫理的な研究実践にとって重要であるだけでなく、プロジェクトにとって潜在的に役立ちもすると感じている。それが重要なのは、潜在的な参加者が、時間があるときにプロジェクトについてよく考える機会を持つことができるからである。もし彼らが、パソコンの画面であれ書面であれ、何らかの形のテクストを利用できれば、それは、起こり得る関わりの意味についてよく考える力を強化することができ、また、他の人々（管理職者、同僚、友人など）と討議するのにも使うことができる。そのとき、彼らもまたその書類を読むことができる。それは、多様なやり方で役立ち得る。たとえば、

- 書類を作成する際には、プロジェクトについて再考せざるを得ない。明確でわかりやすく説明するよう求められるということは、トピック、研究デザイン、そしてなぜ自分の研究が重要なのかについて、よく考えさせることになる。
- それは、専門家というアイデンティティを与えたり、プロジェクトに対する正当性を与え、人々の参加したいという気持ちに影響を及ぼすだろう。
- 潜在的な参加者は、ドキュメント「について考える」ことができ、それによって、彼らが何らかの興味深い問いを尋ねたり、あるいは、研究について示唆に富む観察をすることへとつながり得る。これらは、本当に役に立つ付加的な「データ」ないし、さらなるリサーチクエスチョンのソースとなることができ、さらには、ある部分が不明確であることがわかって、情報シートを作り直すことになるかもしれない。

記録をとり始める前に、参加者が情報シートに書かれた考えのいくつかにつ

いて話をするよう促してもよい。このようにして、それは、倫理的実践に対する単なる形式的な意思表示というよりも、もっと能動的で有益なドキュメントとなり得る。参加者がシートに書かれている考えや情報について話すよう励ますことによって、たとえば、彼らに特段の疑問や心配を挙げるよう尋ねたり、一つの項目について徹底的に議論することを通して、彼らがそれに関わることを実際に理解しているか否かが、はっきりとわかってくるかもしれない。時には、参加者は、「すべてよくわかりました」と言っても、彼らが同意したのはまさしく「それが大学からのものだったので」賛成したのであったり、あるいは、はっきりしないことも記録のプロセスの中で明確になるだろうと期待してのことだったとわかることがある。

　インフォームド・コンセントを得ることについての仮定の一つは、**参加者は自分が許可を与えることの意味を理解する能力を有しているはずだ**、ということである。私たちの社会において、ある種のグループは自律的だと見なされていない。すなわち、彼らは、理解のための「十分な能力」を欠いているため、自己を管理する能力に欠けているとされる。こうしたグループは、たとえば**子ども**（イギリスにおいては 16 歳未満）**や一定の精神的な問題をかかえている人々**（たとえば、アルツハイマー病や統合失調症）である。重要なことは、こうしたグループに対しては、法的後見人（子どもの場合は、しばしば親）もしくは身近な親戚や世話をする人から許可を**得なければならない**ことである。大半のこうしたグループの参加者——たとえば学齢期の子ども——について、彼らの親ないしは後見人と子どもたち自身の**両者から**許可を得るべきである。そうした潜在的に無力で不利を背負ったグループと研究を行う際には、常に、その領域における専門家や専門家集団から、もしくは、大学研究倫理委員会から、付加的なアドバイスを得ることがもっともよい。

　最後に、研究プロジェクトによっては、たとえば、レストランや印刷所における日々の労働実践の研究で、現場を訪れ、スタッフ全員に対してちょっとした説明会を行うよう要請されるかもしれない。このようにして、プロジェクトの範囲について概略を述べ、質問に対し答えるというだけでなく、インフォームド・コンセントを有効にするプロセスを始めることにもなるだろう。

　さてここで、さらにいくつかのガイドラインについて考慮することが必要である。

3章　倫理と「データ」の記録 ｜ 41

- 記録がなされることに対する許可を与える際に、参加者にいかなる圧力もはたらいていないことを確実にする。
- 参加者の意思に反してなされた、あるいは記録が参加者に危害を及ぼすおそれがある、いかなる記録にも参与しない。

　圧力の一つの形式は、その募集手段にあるかもしれない！　私はしばしば、参加者を募る際に、大いに熱中し（過剰に）熱心になる。どのように人々を説得しようとしているかにまさに自覚的になり、理想的には、**記録を行うのにある程度先だって許可を求めておく**。また、専門家と「非専門家」の間の出会い、たとえば、カウンセリング場面や就職面接を記録する際に生じ得る圧力の可能性にも自覚的であるべきである。そのもっとも基本的なレベルにおいて、2通りの行為が生じ得る。専門家は、参加者は進んで記録をとられる気でいると思い、しばしば間接的に、「私たちには隠すことは何もないよね？」と参加者に話すことで、過度な圧力をかけることがあり得る。代わりに「非専門家」は、断ればその出会いに問題を生じさせ、自分に対する専門家の行為をいかようにか変えてしまうと感じるかもしれない。理想的には、参加者が研究者と直接連絡をとる手段を提供すべきであり、そうすることで、事後に、もし彼らの気持ちが変わった際には、研究者と直接話し、記録を破棄するよう求めることができる。また、情報シートの中や彼らに話をする際に、参加を断ること（あるいは受諾すること）がその後の彼らの扱いに影響を及ぼさないことを強調すべきである。

　さらなるガイドラインは、いつ記録を止めるかを知ることに関係している。

- もし参加者が記録するのを止めるよう求めた際には、もしくは、参加者や研究場面に有害な影響が生じた際には、記録するのを止める。

　明らかに、もし誰かが記録するのを止めるよう求めた際には、直ちに記録機器のスイッチを切る。しかしながら、あることが「有害な影響」を持ち始めたと気づくことは、判断が非常に難しく、ここでも注意を払い続ける必要がある。私が行ったフォーカスグループの最中に、参加者の一人がとても感情的にな

り、口汚い言葉を言い始めた。私と、グループ内の他の参加者がその場の緊張をほぐそうと試みた後、すぐに記録を止めた。その結果彼女は落ち着き、間をとることができた。それから、私は彼女のところに行き、とても長い時間話をした。私は研究者というアイデンティティを脱ぎ捨て、ただ彼女の語るストーリーを聴いた。これは非常に極端なケースかもしれないが、そうした「非常に感情的な」行為は珍しいことではない。人々は、状況に信じられないほど巻き込まれることがあるし、そうなるのである。(インタビューやフォーカスグループといった)研究主導の出会いは、時には治療的になり得る、あるいは、人々がとても個人的な情報を提供するカウンセリングの環境となり得る。「カウンセラー」になることは研究者の責任ではないが、研究者の行為が潜在的に含意することに気づくことは、とりわけ、敏感なもしくは感情を喚起するトピックについて研究する際には、研究者の責任である。研究者は、専門的なサービスやサポート・グループと連絡するための詳細を利用できる必要があるだろう。

さらに考慮すべきことが3点ある。

- さらなる同意を得ずに、利用のための元々の同意の範囲を超えた目的のために記録を用いない。
- 参加者のプライバシーと尊厳を尊重する。
- 記録を保存するための適切な安全措置を講じる。

私たちが伝統的にこうした目的を達成する一つのやり方は、参加者全員に、すべての情報は秘密として扱われること、そして、その後のトランスクリプトや研究報告書の中では匿名化されることを保証することである。**秘密性と匿名性**は、通常次のようにして達成される。

- プロジェクト・チームのメンバー以外の他者に話をする際には、参加者を同定するような個人的な詳細について決して開示しない。
- 特定の参加者や研究現場の正確な位置を同定することができるあらゆる細部を、トランスクリプトや研究報告書から取り除く。一般にこれは、実際の氏名や場所の参照を指している。参加者や研究現場が小規模のコミュニティや実践である際に、問題となることがある。たとえば、臨床実践ガイ

ドライン開発グループ（特定の医学的条件に関する研究エビデンスの質を評価し、最良の実践に関するガイドラインを作成するグループ）の社会組織について研究する際、私の同僚の一人は、そのグループがレビューしていた条件、研究論文、そして特定の治療や薬に関するすべての参照文献を削除しなければならなかった。ビデオ録画や静止画像（スクリーンショットやビデオから取り込まれた画像を含む）はしばしば、公表する際に匿名化することが非常に難しい。研究者はしばしば、公刊時に参加者の顔を黒塗りにしたり、ぼかしたり、あるいは、画像の線描を作成する。

• 参加者を同定する可能性がある細部に関するあらゆる記録やそのコピー（たとえば、同意書、応募記録）は、安全な保管庫や引き出しの中に保管しておく。これには、関連する電子ファイルやドキュメントをセキュリティで保護されたファイル内、もしくは安全なサーバー上に保管しておくことも含む。

• 研究チームに対してのみ録音・録画記録を再生する。研究プロジェクトによっては、他の場所において、たとえば、学術集会や学術会議、あるいは、教室内で学生に対して、記録を再生することに特段の同意を求めることがあることを記しておく必要がある。重要なことは、書面による同意を得る際に、記録の利用のそれぞれのタイプに対して同意を得ておくべきことである。

　参加者の尊厳を考慮する際、実際にどのような情報が研究プロジェクトのために収集するべき基本的なものかについても考えるべきである。たとえば、一般開業医／患者の出会いをビデオに録画する際に、私たちは診察室内のデスクにのみフォーカスをあて、診察台にはフォーカスをあてないようにカメラをセットした。このプロジェクトは診察の際にコンピュータがいかに利用されているかに関心があったので、私たちは、診察台の上にいる患者を録画することは必要でも適当でもないと感じた。ごく稀に、患者が全裸、半裸、服を着ながら、あるいは脱ぎながら、カメラの前に現れなければならなかったときもあったが、私たちはこのようにして、患者のプライバシーと尊厳を最大限重視するようにした。

　いくつかのグループ（特に子どもたち）では、法律上の問題が生じる可能性

があるときには、参加者のプライバシーを必ずしも常に保証することができない。たとえば、インタビューにおいて子どもが、誰かから身体的虐待を受けていると明かすことがあり得る。そうしたトピックが持ち上がった際に完全な秘密が保たれるべきか否かについて、あらかじめきちんと決めておくよう努めるべきである。明らかにこれは、研究のトピックによるだろう。もしプロジェクトが子どもたちの違法ドラッグと未成年飲酒の経験に焦点をあてるものならば、彼らに完全に秘密性を保証する同意書を提示するだろう。一般に、そうした倫理的なジレンマに直面した際には、スーパーバイザー、上司、もしくはその分野に関連する専門家に相談すべきである。

「公共の場所」での録音・録画

公共の場所において録音・録画をする際には、一般に、異なるガイドラインに従う必要がある。もし、ショッピングモール、大規模病院の受付ホールや駅のプラットホームにおいて人々の行為をビデオ録画するとしたら、インフォームド・コンセントをどのように求めることができるだろうか？　そうしたケースでは、カメラの視野に入ってくる人の数は途方もないことから、それぞれの人に対し同意を求めることはおそらく不可能だろう。また別の一連の手続きに従う必要がある。こうした空間はどれも、この言葉の一つの意味において「公共」ではないことは注目する価値がある。すなわち、ショッピングモールは会社によって所有されており、病院の受付ホールや駅のプラットホームは常に組織の管轄権の中にあり、公的な公園でさえ、地方自治体によって維持され所有されている。そうしたケースにおいては、一般に、撮影を行う前に事前に特定の組織に許可を求めることが必要である。必要とされることは、記録したい特定の空間、録音・録画の目的、および、特定の組織の要求によるだろう。たとえば、フォン・レームら（von Lehm et al., 2001）は、人々が美術館やギャラリーにおいてどのような振る舞いをするか、とりわけ、人々が展示物や他の見学者をどのように見たり、注意を向けたり、やりとりを行うかに関心があった。彼は、美術館の館長から許可を得たが、それとともに、公衆のメンバーに、撮影が行われている区域に入っていることを知らせるために、カメラの近くに大きな看板を置くことを求められた。

3章　倫理と「データ」の記録 | 45

まとめ

　おそらく、上記はすべて比較的明確なポイントであり、これらが研究とどのように関係するかは、プロジェクトの詳細によるだろう。研究の倫理的含意について考えることは、決して単に官僚的ないしは組織上の要求、あるいはハードルではない。それは、あらゆる研究プロジェクトに必要不可欠なものである。研究を行おうとする者は皆、研究している人々に対して**敬意を持つこと**、（そして、そのプロジェクトの全期間を通して、そのことを実際の行為として示すこと）が必要不可欠である。もしここで一つのメッセージを伝えるとすれば、それは**あなたの行為が持ち得る含意に、敏感に気づきなさい**ということである。本章で示してきたあらゆる警告めいた話にもかかわらず、再び次のことを述べておきたい。たいていの状況において、人々は、自分が話していることや行っていることを記録することを、思いのほか喜んでくれる。彼らに明確に知らせ、同意を求めることを忘れないでほしい。とりわけ、参加者に対し敬意を払ってほしい。彼らは決して「単なるデータ」ではないのである。

キーポイント

- 取りかかる研究に適用することができる、関連する倫理行為のガイドライン、勧告やコードに自覚的であることは、研究者の義務である。
- 研究が、それに参加する誰に対しても、心理的、身体的に危害や苦痛を生じさせることがあってはならない。研究に参加する人は誰もが、自分が研究に参加していることを知っており、何を研究しているか理解し、そして、参加することに同意していることが必要である。
- 研究者は、潜在的に危険な状況に自らを置くべきではない。

さらに学ぶために

　以下の著作には、一般的な、もしくは特定の方法やアプローチにおける倫理的問題がより詳細に扱われている。

Ali, S. & Kelly, M. (2012) 'Ethics & social research', in C. Seale (ed.), *Researching Society and*

Culture, 3rd ed. London: Sage, pp. 58-76.

Barbour, R. (2017) *Doing Focus Groups* (Book 4 of The SAGE Qualitative Research Kit). London: Sage.［バーバー／大橋靖史他（訳）（準備中）『質的研究のためのフォーカスグループ』（SAGE 質的研究キット4）新曜社］

Economic & Social Research Council (2015) *Research Ethics*. www.esrc.ac.uk/funding/guidance-for-applicants/research-ethics（特に、'case studies' 参照）（2015年8月8日アクセス）

Flick, U. (2007) *Designing Qualitative Research* (Book 1 of The SAGE Qualitative Research Kit). London: Sage.［フリック／鈴木聡志（訳）(2016)『質的研究のデザイン』（SAGE 質的研究キット1）新曜社］（改訂版は、Flick, U. (2017)）

Flick, U. (2007) *Managing Quality in Qualitative Research* (Book 8 of The SAGE Qualitative Research Kit). London: Sage.［フリック／上淵寿（訳）(2017)『質的研究の「質」管理』（SAGE 質的研究キット8）新曜社］（改訂版は、Flick, U. (2017)）

Hallowell, N., Lawton, J. & Gregory, S. (2005) *Reflections on Research: The Realities of Doing Research in the Social Sciences*. Maidenhead: Open University Press, Chapter 6.

訳者補遺

能智正博 (2013)「質的研究の倫理」やまだようこ・麻生武・サトウタツヤ・能智正博・秋田喜代美・矢守克也（編）『質的心理学ハンドブック』新曜社, pp. 71-95.

好井裕明 (2013)「質的研究者の実践としての倫理」やまだようこ・麻生武・サトウタツヤ・能智正博・秋田喜代美・矢守克也（編）『質的心理学ハンドブック』新曜社, pp. 381-399.

4章　記録の実際

記録機器

何を記録するかをどのように知るか？

インタビューとフォーカスグループの実際

音声、もしくはビデオにもとづくエスノグラフィーの実際

まとめ

この章の目標

- ある種とても実際的なジレンマについて、さらに知る。それには、何を記録するか、どのようにそれを記録するか、記録したもののどの部分を書き起こすか、そして、どのレベルまで詳細に書き起こすかが含まれる。
- こうした問いのいずれにも確固とした答えはないこと、また、たいていのことは、焦点をあてているトピックに沿っていかなる分析アプローチをとるかによることを知る。
- 確かな決断をする際に役立つだろう、いくつかの基本的なポイントを理解する。
- 何をするにせよ、たとえば、ビデオカメラとタブレットを持ってフィールドにただ飛び込んだりしないことを自覚し、すべてはよく練られた計画にしたがって進むと想定すべきである。

49

記録機器

きわめて重要な装備の一つが記録機器である。一般には、次のような装備が
必要である。

- 音声レコーダー、もしくは、ビデオカメラ
- 予備のバッテリーや電源ケーブル
- 外部マイク
- タブレットとペン
- こうした機器を据え、使用する十分な実用的な知識

このリストの中で、最後の項目がとても重要である。もし機器の操作のしか
たに自信がなければ、記録している間、機器がきちんと動いているか心配ばか
りすることになるだろう。その機器の操作方法について正確に知っていたとし
ても、それでも「馬鹿げた」ミスをすることがあり得る。私は（まだ）少なく
ともフォーカスグループやインタビューをまったく記録し損なったことはない
が、インタビューの一部でポーズボタンを押してしまったり、機器が故障して
しまったり、マイクを間違ったソケットに入れてしまったことがある（そのた
め、「ささやき声の」記録を書き起こさなければならなかった）。

　私が研究を始めた頃は、やりとりを記録する唯一の選択肢は、アナログテー
プに録音することだった。現在では、音声とイメージを機器内のデジタルメモ
リーに直接記録する多種多様な機器がある。使用可能な特定のモデルについて
概観するつもりはないが、考慮すべき実際的ないくつかの問題について指摘し
たい。

　専用の音声録音機とビデオカメラは、一般に、高性能のマイクを内蔵してい
る。スマートフォンとタブレットも適切なアプリを導入すれば使えるが、マイ
クの性能には大きな幅がある。私は常に機器を多様な状況でテストし、外部マ
イクが必要かどうか、必要ならどのようなときかを見るようにしている。また、
どれくらいの時間記録できるかもチェックする必要がある。非常に長時間のも

のもあれば、1時間かそこらしか保たないものもある。録音・録画を終えたら、それをダウンロードする必要がある。機器に応じて、ワイヤレスでファイルを転送するか、物理的に機器をコンピュータにつなぐかする。私は必ず、記録を終えた比較的直後に、ダウンロードしている。記録を削除したり機器を紛失したりしがちだからである。こうして、ファイルは、適切な音声プレイヤーやビデオプレイヤーを介して、書き起こす用意が調う。私は個人的に、常に専用の音声レコーダーとビデオレコーダーを用いている（場合によっては、ハイエンドのデジタルカメラ）。記録のクオリティが概してすばらしいからである。唯一の欠点は、こうした機器の値段であろう。

　ビデオに関しては、状況によっては、広角レンズ（カメラのレンズに装着したり、設定で選んだりする）や三脚を使用したい場合もあるだろう。上で述べたように、装備の中でしばしば重要なのは、外部マイクである。通常2つのタイプがあり、多指向性と単一指向性のものがある。単一指向性はその名の通り、一定幅の一方向からの音声を拾い（多くは90°ないし120°の範囲）、多指向性マイクは360°の範囲の音声を拾う。単一指向性は1対1のインタビューに有効であるが、フォーカスグループや自然な活動では多指向性マイクを使うべきである。2つの多指向性マイクを持つ機器もあり、それぞれに長いコードがついていて、一緒に一つのマイクジャックで使用できる。こういうタイプは、人数の多いフォーカスグループや会議を1台の録音機で録るのに非常に有効である。マイクをテーブルや部屋の両端に置けるからである。

　上記の概観は広範でも詳細でもないが、考慮すべき点を述べた。録音・録画機器の選択はしばしば、研究したり作業したりする場で手元にあるものや、予算（もしあれば）、あるいは、友人や同僚が通常使用しているものや勧めに縛られる。だからといって、あまり心配することはない。要は研究現場で使用する前にその機器を使ってみて、それぞれのもつ限界を知っておくことである。

何を記録するかをどのように知るか？

　たいていは、事前に何らかの考えがあるだろう。関連する文献を読んでおり、直感があり、（たぶん）「これだ！」と思う瞬間があったかもしれない。そして、

文献やトピックにはギャップがあり、少し異なった角度から焦点をあてる必要があることに気づく。

　他の人たち、すなわち、同僚、研究助成機関、スーパーバイザー、友人、倫理委員会、研究現場の代表者たちは、研究プロジェクトの概要を読み、うまくすると、どのようなデータを収集すべきか、いつどのように集めるべきかについて、アドバイスをくれるかもしれない。次にとる行為の道筋は、記録された「データ」ソースによる。明らかに、1対1のインタビューで何を記録すべきかをわかることと、たとえば、法律事務所がどのように機能しているかについてのビデオを基にしたエスノグラフィーで何を記録すべきかを知ることとは、その実際が根本的に異なっている。

　以降の議論を、次の2つの領域に分けようと思う。最初に、私はいわゆる「研究者主導の」記録に手短に焦点をあてる。インタビューとフォーカスグループがそれにあたる（より詳細な議論については、本シリーズの Kvale, 2007/ Brinkmann & Kvale, 2017; Barbour, 2017 参照）。それから、「自然に生じる」やりとりに焦点をあてる。録音・録画を基にした記録とエスノグラフィーがそれにあたる。前章で述べたように、研究者主導の記録と自然に生じる記録の区分には**大いに問題があり**、誤解を生じさせかねないが、さしあたりは、読者も私もより楽に進められるよう、この二分法でいくことにする。それぞれの領域において、参加者募集、トピックの焦点づけ、そして、実際の記録時という、3つの相互に関係しあう実践に焦点をあてていく。

インタビューとフォーカスグループの実際

参加者の募集

　インタビューやフォーカスグループのデータを作る際、**募集**は通常、もっとも難しい側面である。注意することは、それは遅々とした「苦難に満ちた」活動になり得るということである。しかし、参加者を見つけ、インタビューやフォーカスグループを準備するプロセスは、明らかなように、研究の成果にとってまさに中心である。ルビンとルビン（Rubin & Rubin, 1995）は、募集を

めぐる4つの鍵となる領域を挙げている。

- 精通している参加者を見つけること
- 広範囲な見方を得ること
- 現れてきたテーマを、新たな参加者で検証すること
- 結果を拡張するために、参加者を選ぶこと

　これらはすべて、とても価値ある理想である。しかしながら、実際の実践は、ここからはずれることがあり得る。多くのものごとと同様に、募集は時に、場当たり的で偶然に頼ることが多い。

　募集の実際的な問題は、劇的に変わり得る。潜在的な参加者にアクセスする際、多くの道をたどらなければならないのであり、最初はしばしば、偶然の出会い、友人や同僚に頼り、それから、他のインタビュイーやフォーカスグループの参加者に紹介された縁故に依存する（これはしばしば、スノーボール・サンプリングと呼ばれる）。研究トピックについて広範囲な見方を得ようと**試み**ることは重要である。根本的に異なった、もしくは対照的な語りを生み出す数少ない参加者が、しばしば理論を変容させる上で中核となり得るからである。とりわけ、**募集プロセスについてフィールドノーツをとり、それを研究報告に**提示することは**きわめて重要**である。アクセスと募集の問題は、研究結果のいくつかを理解する際の中核となり得るからである。たとえば、アルコール問題をかかえた患者を一般開業医がどのように扱うかについて語ってもらうために募集しようとした際、ある一般開業医が私に次のように語った。「これは重要な問題です。でも、私はインタビューに参加するつもりはありません。と言うのも、私は、仕事においてアルコール問題に関心がある一般開業医だと知られたくないからです。」彼が参加することに気が進まないこと、そして、彼の仕事仲間である一般開業医がアルコール関連問題をかかえた患者を彼のところに寄こし始めるかもしれないという心配は、彼らの多くが患者のアルコール問題を扱うのに苦労しているという、より広範な問題を証言している。このディスコース、すなわち、恒常的な苦労は、その後のインタビューとフォーカスグループにおける中心的なテーマになった。

4章　記録の実際　53

問いとトピックのリストを作成する

　さて、インタビューもしくはフォーカスグループの準備を終え、関連する情報シートと同意書を発送したら、この特定のインタビュイーもしくはこの特定のフォーカスグループでいかなる問題を扱いたいかを考えなければならない。できれば、既に、一般的なトピックガイド、概要やスケジュールを作っているのが望ましい。どのようなアプローチがとられようとも、公式のレターヘッドのついた用紙にタイプで打たれたスケジュールを作るか、あるいは、手書きのリストを作るかにかかわらず、「鍵」となる言葉や「念入りに作られた」問いを書き出して持っていると役に立つ。また、フォーカスグループ（とある種のインタビュー）では、グループの討論に焦点をあて、促進するために、写真、ビデオやプレゼンテーションといった他の資料をあらかじめ準備しておきたいこともあるだろう。

　問いのリストの実際の中味は、**最初は**、関連する学術・非学術文献と取り組む中で、インタビューでどの領域を扱うのが重要であるだろうかについての考えや直感と並行して、生み出される。この問いは、**プロジェクトの開始から終結までの全体にわたって変化し得る**、と認識している必要がある。インタビューやフォーカスグループに対する私の問いのリストは、さまざまな影響との関連の中で常に変化する。それらは、私が関わる特定のグループや人との関連の中で、たとえば、募集の際の電話による彼らとの会話や、私が彼らについて何を読んだか、あるいは、彼らについて語られたこととの関連の中で、変容していく。また、このリストは、仲間の研究者との会話、最近の文献で読んだこと、出席した会議、以前行ったインタビューやフォーカスグループ、もしくは、進行中の分析から生じていることによって影響を受ける。

　最初に用意した問いの**どれも**、使わなければならないということはないと強調しておきたい。ポイントは、参加者の語りについていき、どこまでも追っていき、**彼らと一緒に行い**、そして、語りの範囲を厳密にあらかじめ決めた計画表に限定しないことである。それぞれの出会いにおいて、同じやり方で同じ質問をする必要はない。別のインタビューやフォーカスグループにおいて、語りの主題として参加者もしくは研究者が取り上げることを通して、同じ広い

テーマを扱うことがしばしばある。これは、インタビューとフォーカスグループの中心的な根本原理である。すなわち、それらは、同じテーマや問題に関する対照的で相補的な語りを収集することを可能にするのである。

記録する

研究での出会いをどのように記録するかを、決めなければならない。一般的に、次に挙げる選択肢がある。

- 出会いの後にメモをとる。
- 出会いの最中にメモをとる。
- 出会いを録音する。
- 出会いを録画する。

私は、いくつかの非常に実際的な理由から、常に録音しようとする。私は、**参加者とやりとりをしたいのであって、多くの時間、うつむいて書くことに割きたくない**。また、録音は、メモをとることや後で思い出すよりも、言語的やりとりのずっと詳細な記録を提供してくれる。録音を再生し、トランスクリプトを作成し、それから、私の議論の例証を示すために、それらを選択的に利用することができる。

ビデオカメラ（やビデオによる対面式インタビュー）を使ってフォーカスグループを記録している人たちもいるが、ビデオの使用は、いくつか実際的な問題を生じることがある。尋ねる必要がある主要な問いは、**ビデオデータが提供する付加的な情報を本当に必要としているのか**、ということである。確かに、ビデオデータは一定の利点がある。

- **非言語行為の記録**。私たちは皆、日常的に顔面や身体のジェスチャーや活動を、伝えようとしている考えやトピックの意味を詳しく示すために利用している。
- **書き起こしプロセスに対する補助**。録音記録のみからフォーカスグループを書き起こそうとする際、しばしば、特定のことをどの人が話している

4章　記録の実際　│　55

のかわからなくなる。ビデオの提供する付加的な情報があれば、話し手が誰かを同定することがしばしばより容易になる。

しかしながら、ビデオ録画にはさまざまな潜在的な代償がある。

- **参加者が、参加することに応じてくれる可能性が下がるだろう。** 参加者によっては、ビデオ録画はあまりに自分が曝されすぎ、音声録音の方がより匿名性が高いと感じる。
- **参加者が機器の存在に慣れるのに長い時間がかかるだろう。** ビデオカメラより録音機の方が、その存在を「忘れる」のに時間を要さないようである。
- **研究補助者がビデオカメラを操作しなければならないだろう。** すべての参加者（と研究者）がカメラの視野の中に入るようにカメラを設置するのに適した場所を見つけるのは、常に容易というわけではない。これは、部屋の形、人々がどこに座るか、あるいはグループの大きさにもよるだろう。そうした場合、可能な限りもっとも良いカメラの置き場所を選ぶ、複数のカメラを用いる、あるいは、誰かに常にカメラを操作するよう依頼することになる。

利便が代償に勝るか否かは、問おうとしているリサーチクエスチョンと密接に関係している。常に、ビデオカメラの付加的な侵入が、とりわけ参加者のプライバシーへの侵害の点から、必要であるかを問うべきである。

出会いを音声で記録するかビデオで記録するかにかかわらず、その出会いについての観察もしくは印象を書き留めることについても考えるべきである。よくあることだが、本当に興味深く関連のある語り、ないしは行動は、記録機器のスイッチを入れる前や切った後に起こる。私は常に、できるだけ早く、しばしば私か参加者（たち）が研究の場を去ったらすぐに、ノートをとる。私は通常、次に挙げる時点で、生じたことを書き留めている。

- 記録機器のスイッチを入れる前の最初の段階
- 記録中

• 記録機器のスイッチを切った後

　何をする場合でも、気づいた点をすぐに忘れてしまうので、出会いの後できるだけすぐに、メモをとるようにしている。私はいつも、思い出せるできる限り多くのキーポイントや言い回しを書きなぐり、それから、その日のうちか翌日に、それらを書き上げる。最終的な記述は、それぞれの部分（記録前、記録中、記録後）の各段落から、もっと広範囲の緻密な描写まで詳細にわたることがあり得る。これらの描写は時に、実際にその出会いに関する理解を拡張することがある。たとえば、喫茶店である人にインタビューした際、彼のセクシュアリティの問題に移り、彼は声を潜めて話し始めた。インタビューの後、私たちが喫茶店を出た後、彼は、「ここは小さな社会なので、私は将来顧客になるかもしれない人たちを驚かせたくなかったんです」と述べた。このインタビューイーにとって、これは、そうした公共的な場で語るには問題のあるトピックだったのであり、私は、そのトピックがあまりに突然変えられた理由を理解することができた。それから、私たちはこの問題、すなわち、セクシュアリティとビジネスのポリティクスについて議論し、そのことは、私がさらにこのトピックの理解を深める助けとなった。

音声、もしくはビデオにもとづくエスノグラフィーの実際

参加者の募集

　フォーカスグループやインタビューの場合と同じように、参加者の募集は、研究のたどる経路の中核にある。しかしながら、考慮すべきまた別の配慮と（潜在的な）問題があり得る。**もし研究者がいなければ起こるであろう**、ある種の集合的組織的活動、たとえば、チーム・ミーティングや専門家とクライエントの間の1対1の会合を記録することを一般に求めていることだろう。個々の参加者を、広範囲にわたる現場からただ募るということはめったになく、**一つの研究現場の中の参加者集団**（あるいは時には、いくつかの研究現場に分散している人々の集団）を募ることだろう。録音・録画を基にしたエスノグラ

フィーのための募集について、以下に述べることの多くは、単独の組織内の参加者とのインタビューやフォーカスグループに取りかかる際と似ていることを、私は指摘しておくべきである。しかしながら、研究者が話す特定のグループを調整し、特定の課題に焦点をあてるよう指示するインタビューやフォーカスグループとは違い、研究者のねらいは、自身の存在や記録機器による過度な妨害なしに、まさに日常起こっている出会いを記録することにある。

　募集はしばしば、相互に関係しあう3つの相において生じる。必要なことは、次の諸点である。

- その研究現場に対する最初のアクセスを促すことができる、その現場の人と接触する
- 研究現場の管理者からの許可を得る
- 記録しようとしている特定の参加者たちからの同意を得る

　私自身の体験にもとづく、2つのナラティブを提供してみよう（ボックス4.1とボックス4.2 参照）。それらは、上述の各相が実際にどのように起こるだろうかを概観している。そのうちの一つは、とりわけこのプロセスがどのくらい時間がかかり得るかという意味で、かなりひるませるかもしれないが、単に一つの例であることを忘れないようにしていただきたい。

ボックス4.1　例1　病棟での医療上の意思決定

　友人の一人と会話していたとき、彼女は、これから始めようとしている研究について話した。彼女は、さまざまな治療上の決定がどのようになされるかを理解するために、ある病院の特定のユニットにおける医療専門家と患者へのインタビューを行おうとしていた。私は、患者や専門家が彼女に起こったことを話したことのみに頼るよりもむしろ、それが起こっているときの医療上のやりとりの記録をとることが実際に役立つだろうと指摘した。

　数週間後、友人は私に、そのユニットで働いている指導的地位にある臨床医の一人にその考えを話したところ、その臨床医は本当に関心を持ってくれたと話した。それから私は、彼女たちが行っているインタビュー研究に関す

る研究会に招かれ、意思決定プロセスを記録するさまざまなやり方についての私の考えを簡潔に話した。その臨床医は熱心で、彼らのチームの他のメンバーに、それについてどう思うか尋ねてみると言った。1ヵ月後、私はその病棟を訪問するよう招かれ、ガイド付き見学の機会を得た。私は、（管理職、看護師や臨床医を含む）チームのすべてのメンバーに紹介され、一つの症例会議にオブザーバーとして参加することを求められた。この訪問は、彼らが私に、研究がどんなものであり得るかについて尋ねる機会となり、私にとっては、彼らの仕事に何が関係しているかについての感覚を得る機会となった。私は、彼らの特定の手続き、日常的なやり方、機器やマニュアルについていくつか質問を行った。この訪問の最後に、私は、この研究の実行可能性についての理解を得、彼らの仕事の機動的で分散しがちな性質から、コンサルテーションを録音し、関係する仕事のフィールドノーツを作成するのがもっとも良いだろうことがわかった。

　次の段階は、研究資金を調達し、倫理審査に通ることであり、とりわけ医療現場での研究は倫理審査の承認に多くの段階があることから、このプロセスに3ヵ月から1年かかることがあり得る。実際に研究を始める前に、私は何回か現場を訪れ、そのユニットのチーム・ミーティングにおいてプロジェクトのプレゼンテーションを行い、そこでは、私は彼らによるいかなる質問にも答えることができるようにした。観察や記録をする期間の前に、私は、医療専門家と観察する患者たちからインフォームド・コンセントを得ておかねばならない。

ボックス4.2　例2　チーム・ミーティングにおける書類の確認

　このプロジェクトにおいても、最初一人の友人が私にアプローチしてきた。彼は、多くの科学情報とそのレビューを刊行する組織のエスノグラフィーを行っていた。彼は、その組織の管理者から、こうした情報がどのように作り出されたかについて研究するよう求められた。このプロセスの一部に一連の学際的なチーム・ミーティングが含まれており、そこでは、その情報の質を改善し審査するために、特定のドキュメントの原稿について、1ページ1ページ議論することが行われていた。彼は、このチーム・ミーティングをビデオ録画することが役に立ち得ると感じた。と言うのは、ビデオは、ドキュメントについての議論を映像に「記録する」とともに、どの瞬間にドキュメント中のどのテクストについて言及され、引用され、そして変えられたかを

4章　記録の実際　│　59

正確に示すことができるからである。彼は、その特定グループの統括者との
ミーティングをビデオに撮るアイデアを出した。それから、その統括者が次
のミーティングの際にその考えを述べ、彼がチームの質問に答えた。次の
ミーティングまでに、私たちはそのミーティングの記録を始める許可と同意
を整えた。最初にミーティングを記録することの可能性が立ち上がってから、
実際にミーティングにビデオカメラをセットするまでの全体のプロセスに、
およそ2週間を要した。

　これらの例が示すように、**現場にアクセスするためにかかる実際の時間は、
劇的に変わり得る**。私が行う多くの研究プロジェクトでは、私は最初、研究
現場へのアクセスを交渉する際に、特定の個人と連絡をとる。そうした人々
は**ゲートキーパー**と呼ばれ、彼らはしばしば友人、友人や同僚の友人であり、
あるいは、非常に稀ではあるが、偶然の出会いから現れることもある。ある場
合には、私は、アクセスの交渉をしようと飛び込みで訪れなければならないこ
とがあったが、これは募集をより問題のあるものにしてしまう可能性がある。
いったんコンタクトを持てば、彼らは、現場へのアクセスを調整する手助けを
行い、しばしば、その組織の他のメンバーと会話する際のスポークスマンとし
て動いてくれる。

質問とトピックのリストを作成する

　フォーカスグループやインタビューにもとづく研究とは異なり、このタイプ
の研究では、参加者の行為や語りのたどる経路を明白に指示することはない。
記録機器を準備し、それから活動がただ「生じる」のに任せる。しかしながら、
リサーチクエスチョンに答え、興味のあるいくつかのトピックを追うためには、
何を記録すべきかを知っている必要がある。活動がある場所やその周りで生じ、
一定期間で終わるときには、明らかに何を記録するべきかは容易にわかる。た
とえば、債務相談で相談員がクライエントにどのようにアドバイスを行うかに
関心があるとする。彼らはおそらく、クライエントにアドバイスを行う場所
として、自分のオフィスや特定の相談室を持っており、クライエントに会う特
定の日時を調整してもいる。しかし時には、相談が行われる部屋が直前になっ

て変更されることになったとわかるが、既に一つの部屋に時間をかけて機器を準備してしまっていて、新しい部屋は2人を撮るのに2台のカメラが必要だということもある。あるいは、仕事の一部は電話を使ってなされることがわかるが、電話に録音機をつなぐアダプターを持ってきていない場合がある。あるいは、クライエントが来る前や去った後に、同僚たちとコーヒーを飲みながらケースについて討議がなされるということがわかる場合もある。参加者の仕事のしかたについての実際的知識なしには、必要とする、もしくは欲しい「データ」を得られないかもしれない。潜在的な問題を避けるための実際的な解決策は、**録音や録画を行う前に、エスノグラフィーのフィールドワークを行っておく**ことである。このフィールドワークの期間は、非常に短期間、研究現場を訪れ、誰かの後に付いていったり、インフォーマルなインタビューを行うだけから、一連の長期にわたる訪問まで、広範囲にわたり得る。

　何らかのフィールドワークを行うことは、必要な「データ」が何かの感覚を得られるようにするだけでなく、録音・録画によって得られるものの限界についても知ることができる。

　フィールドワークの期間を通して、次の諸点を明らかにすることができる。

- 何が参加者の通常の仕事のルーチンなのか、そして、仕事の実際について彼らと話してみる。
- 使用するドキュメントを見たり理解する必要があるか否か、また、これらのドキュメントのいずれも、コピーを得ることが可能か否か。
- 活動、課題ややりとりが空間的もしくは時間的に分散されているか否か。一つの部屋に機器を準備するだけでよいか、それとも、実際に持ち運び可能な機器を必要とするか。訪れるのに、ある特定の日や時間が他の日時よりもよいか？
- 彼らは、習熟の必要がある、複雑な道具、機器やテクノロジーを使っているか否か。彼らの機器を使うには時間が必要か、あるいは、彼らが行っていることやその理由について説明してもらうことが必要か？
- 彼らは、習熟する必要がある、複雑な、もしくは専門的な言葉を使用しているか否か。
- どんな特定の機器を必要としており、どこにそれを置く必要があるか。

4章　記録の実際 | 61

上に挙げたリストが示唆するように、いろいろな実際上・方法論上の理由から、何らかのフィールドワークを行うことがしばしば不可欠である。そうした情報は、リサーチクエスチョンとトピックのたどる道筋を示し、初めの直感を洗練させ、焦点をあてるべき潜在的なトピックを付け加えるだろう。前に述べたように、プロジェクトの初めから終わりまでの間に焦点が移行し変化することは、きわめて普通である。一通り最初の録音・録画（とフィールドノーツ）をした後で、おそらく、追加の記録を収集するため、また／あるいは、記録に見出した特定のことについて参加者に尋ねるために、研究現場に戻ることになるだろう。観察した実践がどれほど通常のもので、典型的なものであるかを理解するために、追加の、もしくは代替となる場所や状況を記録したいと思うかもしれない。

記録する

フィールドに入ると、しばしば、何を記録することが必要か、それをどのように記録したいかについて直感が得られるものである。既に、何らかの形式でフィールドノーツを作成することについては知っているだろう。プロジェクトにとっていかなる種類の情報が理想的かとは関係なく、次の2つの問いを立てなければならない。

- 参加者にとって、どの形式の記録なら受け入れることができるか？
- この特定の現場において、どの形式の記録が実現可能か？

プロジェクトによっては、参加者にとって、録音が唯一受け入れることができる記録形式である場合がある。これは、秘密性や、参加同意のレベルと関連している場合がある。これまで述べてきたように、人によっては、ビデオカメラの存在は自分が曝されすぎると見なす場合がある。同様に、研究で理解しようとしているトピックを考慮すると、録音が唯一実行可能、もしくは実現の見込みがある選択肢である場合がある。これはとりわけ、参加者が、たとえば病棟の看護師のように、あちこち動き回り、彼らの後を追ってカメラを操作し、

かつ障害物を避けなければならない（加えて、あなたの動きが他の人の邪魔にならないようにする）といった場合に言える。

一般に面接場面を録音することは、調整するのがより容易である。小型の機器を持ち込めばよく、素早くセットできる。いったんマイクの位置を決め、機器のテストを終えれば――いつもフィールド現場で機器をテストすることを忘れないこと――その後は比較的邪魔にならない。また、もし面接場面にいることができない場合も、たいていの参加者はそれを操作することができる。彼らは録音を止めたり開始したりできる。大規模な会議のような状況では、録音機を2台用いるか、あるいは、一つのマイクジャックにつなげるようになっている、2つの多指向性マイクを用いる必要がある。

音声記録には欠点もある。たとえば、アリストン（Allistone, 2002）の研究は、両親と学校の教師の間の会合に焦点をあてた。その会合は各教師の教室で行われ、子どもの親（両親）が一組ずつ教室に入っていった。この会合を録音する際に、参加者が自分が曝されすぎると感じるレベルが最小限になるようにし、また、できるだけ多くの親に会合を録音することに同意してもらえるようにした。彼は、教室の外に座り、親からのあらゆる質問に答え、彼らが参加することに同意したことを確認した。このアプローチの欠点は、いったん彼が録音を聞き分析を行おうとした際に、はじめて明らかになった。

録音を聞いていると、アリストンは、子どもの成績について最初に告げる前に、教師がしばしば間をとり、それから、紙を「シャッフルする」ような音が入っていることに気づいた。このシャッフルがいったん静まると、教師は、その子の成績について告げていた。また、教師が成績を告げる際に、書類をめくって読んでいるような音がしており、時には、教師はそれを告げる前に「えぇ、ブラウン君の報告書には … と書いてあります」と前置きしていた。アリストンは、他の教師によって書かれたこれらの報告書が、子どもたちの成績について「悪い」知らせを告げる際に、必要不可欠な材料であることに気づいた。書類を探し、（黙読してその情報を要約するのではなく、むしろ）はっきりと大きな声で読み上げることを通して、書類の存在へと親を方向づけることによって、教師は親に対して、**誰か他者の見方を告げている**ことを示そうとしていた。この特定の教師が悪い知らせを書いたのではない。むしろ、他の教師が言ったことを報告しているだけであり、したがって、親から全面的に責任を

4章　記録の実際　63

問われることはないというわけである。アリストンは、この会合の言語記録にのみ頼ったので、書類の役割については推測することしかできなかった。そこで彼は、参加者の教師の一人と話をして、書類の使用についての直感を確認することができた。この例は、録音にのみ頼ることの潜在的な欠点の一つを見事に示している。もしアリストンがその会合をビデオ録画できていたら、あるいは、録音中その部屋にいることが（そしてフィールドノーツもとることが）できていたならば、彼の注意はより素早く、書類を利用することの役割に向けられていただろう。しかしそうは言うものの、書類の使用は、悪い知らせを親に告げる際に教師が利用する多岐にわたる方策の一部にすぎなかった。

　ビデオ録画にも、長所と欠点がある。しばしば、より多くの機器を運ぶ必要があり、準備するのにより多くの時間がかかる。研究現場に行ってからもさまざまな決定をしなければならず、しばしば、もっとも良い映像を得るために、さまざまな場所でカメラを試してみる必要がある。それは、どのような情報を欲しいかによる。たいていの場面では、三脚の上に１台のカメラ（もしくは複数のカメラ）をセットし、人々が活動をしている方向にカメラを向け、それから、三脚の位置と高さ、カメラの角度、およびズームの具合を調整する。すべての部屋が、カメラを置く良い場所、もしくは、あらゆる活動を捉えることができる良い視野を提供してくれるわけではない。そうした場合、家具を動かしたり、２台以上のカメラを使わなければならないかもしれない。事前のフィールドワークを通して、どのような行為を記録できるようにしたいのか、知っておくべきである。それには次のことが含まれる。

- 参加者の顔、ジェスチャーおよび身体（の一部）
- 参加者が用いる道具、機器、他の物
- 参加者が用いる書類

　コンピュータのスクリーン上の映像を撮る際には、スクリーン上に生じていることを鮮明には撮りがたいことを知っておくべきである。技術的な理由から、その映像は一般にとても貧弱である。もしスクリーン上の情報を記録することが常に必要なら、一般に、そのコンピュータ画像をキャプチャーするプログラムを導入するか、そのコンピュータと別のカメラの間を直接接続しなければな

らない。**完全なショットやアングルといったものはない。**常に、部屋や活動で実現可能なことで作業しなければならないのであり、人々がしばしば椅子を移ったり、椅子を動かしたり、あるいは、部屋の中を歩き回ることを認識していなければならない。また、マイクに適した場所を準備しなければならないし、誰かがコードに引っかからないよう確かめなければならない。

　余談だが、マイクのジャックのプラグは、ビデオカメラの差し込み口にストレスを加えることがあることを知っておくべきである。もしケーブルを長くしすぎたり、（誰かがコードに引っかかって）引っ張られると、差し込み口やプラグが不可逆的な損傷を受けることがある。したがって、用意すべきもう一つのキットは、粘着テープである。私は常に、ガムテープとビニールテープを携帯している。マイクのケーブルをビデオカメラの本体もしくは三脚にテープで固定し、ケーブルにたるみを持たせてソケットにかかる力を減らし、たるんだコードは家具や床にテープで留めている。

　最後に、活動が生じる際に、部屋の中にとどまるか否かについてよく考えるべきである。ただし、研究者のいることが必ずしも参加者によって受け入れられなかったり、活動を観察することができなくなる場合もあることを認識しておくべきである。一般に、ただ単に録音ないしは録画に頼るよりも、何が起こっているかを「直接」観察することによって、本当に有用な情報が得られる。観察的なフィールドワークの期間を設けることができるかもしれない（そこでは、いくつかの活動にただ単に同席する）。それから、他の機会に、機器をセットし、そのままにしておく。明らかに、研究者が常にビデオカメラを操作していれば、常に動き変化するシーンにカメラを向けることができ、研究者は既定のこととしてその空間にいることになる。しかしながら、そうは言うものの、三脚に機器をセットし、もっとも良いアングルを決め、それから機器をそのまま置いておくのが、しばしばもっとも良いのである。常に機器を操作したり「いじっている」と、その行為がすぐに注意の的となり、活動に不都合な影響を及ぼしてしまう。しかしいずれにしても、記録機器の存在、そして研究者の物理的存在は、**ある程度**、その場面に影響を及ぼすだろう。ポイントは、活動に対する研究者の「寄与」の程度を減らすことであり、研究者がもたらすであろう効果に敏感であることである。

4章　記録の実際 ｜ 65

まとめ

　もし上に述べてきた記録の実際が大変な作業のように感じたり、とても難しく複雑なことだと感じたとしたら、謝らなければならない。信じてほしいが、そうではない。ただ単に、しばしば経験することになる、これらのとても日常的な行為のやり方について、詳細に説明しようとしただけである。このレベルで詳細に述べようとすれば（そしてさらに詳細なレベルにすることもできたが）、当たり前だと思っていたり、単にやっていることも、大いに技術的で挑戦的なものとなる。だから、私が上に述べたことを、「しなければならない」こと、あるいは、「直面するであろう問題」として理解するのではなく、備忘録ないしは（手短ではあるが）考慮すべきこととして読んでいただきたい。

▬▬ キーポイント

- フィールドに入る前に、記録機器について学んでおく。できるだけ頻繁にそれを使うようにする。
- フィールドへのアクセスを得る（そしてフィールド内で作業をする）には、しばしば最初に想像していた以上に時間がかかることを認識しておく。
- 柔軟であること。「データ」を記録するために何がもっとも良いソースであり機会であるかについての考えを、いつでも修正できるようにしておく。

> ### さらに学ぶために
>
> 　以下の著作には、データを記録するやり方についてさらなるアドバイスがある。
>
> Barbour, R. (2007) *Doing Focus Groups* (Book 4 of The SAGE Qualitative Research Kit). London: Sage. ［バーバー／大橋靖史他（訳）（準備中）『質的研究のためのフォーカスグループ』（SAGE 質的研究キット4）新曜社］
>
> Heath, C., Hindmarsh, J. & Luff, P. (2010) *Video in Qualitative Research*. London: Sage, Chapter 3.

Kvale, S. (2007) *Doing Interviews* (Book 2 of The SAGE Qualitative Research Kit). London: Sage. ［クヴァール／能智正博・徳田治子 (訳) (2016)『質的研究のための「インター・ビュー」』（SAGE 質的研究キット2）新曜社］（改訂版は、Brinkmann, S. & Kvale, S. (2017)）

ten Have, P. (2007) *Doing Conversation Analysis: A Practical Guide*. 2nd ed. London: Sage, Chapter 5.

訳者補遺

佐藤郁哉 (2008)『質的データ分析法──原理・方法・実践』新曜社

5章　音声とビデオ材料の書き起こし

記録の紹介

場面を描写する

基本的なトランスクリプト

細部の問題

ジェファーソン式トランスクリプト

作業用トランスクリプト vs. 報告用トランスクリプト

ビデオにもとづくデータを使う

イメージを書き起こす

まとめ

この章の目標

- 作成した記録を書き起こす、さまざまなやり方について知る。
- 私が収集したいくつかの材料、すなわち、食事を準備する人たちの記録から、同一の記録のトランスクリプトに加えることができる、さまざまな詳細さのレベルについて知る。

　会話分析の創始者の一人、ハーヴェイ・サックス（Sacks, 1984）は、記録機器を用いることの理由を次のように述べている。

　　私は、テープに録音された会話を扱うことからスタートした。そうした材料は、それらを再生することができるという、ただ一つの長所を持っていた。私は、それらをいくぶんか書き起こし、どんなに時間がかかろうとも、詳細

69

に研究することができた。テープ録音された材料は、何が起こったかについて「十分良い」記録を提供した。確かに、他のことも起こったが、少なくともテープ上に起こったことは、確かに起こったことである … 私はテープ録音された会話から始めた … それは単純に、録音を手にして、何回も何回も調べることができたからであり、また、結果的に、他の人も私が研究したことを調べることができ、彼らの行うことに使うことができる、たとえば、もし彼らが望めば、私に賛成しないこともできるからである。(1984, p.26)

　語りややりとりの音声録音や増えているビデオ録画は、**起こっていることについての包括的な記録では決してない**が、社会生活の実践の多くにアクセスすることを可能にする。

　サックスが述べるように、私たちは、「いくぶんか」記録を書き起こすことができるだけである。トランスクリプトは、まさに本質的に**翻訳**であって、常に部分的・選択的なテクストの**構築**であり、**表現**なのである。詳細なトランスクリプトを作成する実際のプロセスによって、観察していることに精通することができるようになる。何度も何度も（さらに何度も…）記録を聞かなければ／見なければならない。このプロセスを通して、人々が行っているやりとりの興味深く、またしばしば捉えがたいやり方に気づき始める。それは、人々の語りややりとりの当たり前だと見なされる特徴であり、もし記録がなければ、いつものように気づくことなく、思い出すこともない。あるいは、それが起こった際に手書きのメモをとることでは、十分に詳細まで記録することはできないだろう。銘記すべきポイントは、**記録やフィールドノーツを基にして分析を行う**ということである。トランスクリプト（と記録）は単に、スピーゲルバーグの表現を借りれば、「不活発な想像力の助けになるもの」(Garfinkel, 1967, p.39 より引用）である。それらは、観察していた場で「何が起こっていたか」を思い出す手助けとなる。トランスクリプトを作成することで結果として起こる恩恵は、自らの知見を発表する際にそれらを用いることができることである。

　これに関わる広範なプロセスを多少とも理解しやすくするため、私が実際に収集した材料を使おうと思う。それは、数名の人々が一緒に食事の用意をしているところをビデオ録画したものである。

記録の紹介

　私は、特に本書のことを念頭に置きながら、この録画を行った。この録画を通じて、実際の語りをどう書き起こすかに加えて、手振りや人々がどのようにモノを操作するかといった「非言語的」特徴についても示すことができる必要があった。そういうわけで、私はビデオ録画に取り組まなければならなかったのである。私はまた、この録画の静止画像も提供したかった。そうすれば、私が言っていることがわかりやすいだろう。純粋に文字に起こした非言語活動の描写は、ご承知のように、どういうことかわかりにくい。録画の静止画像があれば、述べようとしているポイントを示すのに大いに役立つだろう。しかし、静止画像を利用するにしても、録画が私のフィールド現場のものであれば、参加者の許可と当該の倫理委員会の許諾を得なければならないし、テレビ番組の録画であれば、その画像の著作権所有者から許可を求める必要がある。明らかな解決策は、新たに録画を行い、参加者に本書でそれを利用する特別な許可を求めることであった。

　もっとも容易でてっとりばやいやり方は、私の友人たちに「何か行っている」ところを録画していいか尋ねることである。私は、カメラを持って一日中彼らの後を追いかけたり、カメラの後ろに立って絶えず撮影アングルを変えなければならないといったことをしたくなかったので、比較的空間的に限られた活動であることが必要だった。倫理委員会の許可や他の組織の許可を求めなくてもよいことも必要だったので、医療的な文脈や仕事場の文脈はすべて除外された。また、仕事内容や組織のルーチンに関する内部的知識を実際に持っていないとついていくことが難しいほど、専門技術的すぎたり特殊すぎたりしないものが必要だった。とりわけ私は、語りが進行していく場面が欲しかったので、人々が共有された課題に取り組んでいるのが望ましかった。そこで、彼ら（と私）が共同で料理を用意する作業をしている場面を録画することになった。そして、当然ながら、彼らと一緒に飲み食いできたという、おまけももたらしてくれた。

　上に述べた要件のリストや関連する理解は時に「選択基準」と呼ばれるが、

5章　音声とビデオ材料の書き起こし　｜　71

重要である。カメラのレンズは、写真もしくはビデオ録画の特定の視野を決め、その場面を見たり、知る特定のしかたを作り出す。同様に、倫理委員会や組織の必要や要求、研究プロジェクトの産出物や技術力といった要因が、どんな研究であれそれが世界を見たり、知り、描写するしかたを形作り、制約する。重要なことに、**録音・録画記録やトランスクリプト自体が常に選択的であり、常に部分的なものである**。ある場面の「完全な」トランスクリプトを提供することは決してできない。以下でわかるように、数分のやりとりでさえ、包括的と言えるレベルの詳細を提供するには、あまりに多くのことが起こっている。

場面を描写する

もっともシンプルなレベルでは、トランスクリプトは、単なる**記録された出来事の描写**であろう。描写を提供することは、研究者としての能力においても、よりルーチンとしての日常の立場においても、私たちが目撃したものについて説明し、行為ややりとりを他者にわかるように示す、もっとも一般的な方法である。トランスクリプトには特定の形式ないしはスタイルがあり、おそらく、いくつかの特定のルールに注意することが期待されるだろう。録音・録画材料、あるいは、進行中の場面についての実際の体験を書き起こした、言語による描写へと変換する際、それはあるバージョンのトランスクリプト作りに従事していることになる。

本節の焦点である場面を描写する一つのやり方は、次のようなものである。

> ベンはキュウリの皮を剥いて種をとり、下ごしらえするよう求められた。メアリーとティムは、そのキュウリを下ごしらえする、2種類の異なった対照的な方法をベンに提案する。

さて、これはこの場面をかなりうまく描写しているが、この描写では、この特定のやりとりがどのように出現し変化していったかについては、ほとんどわからない。このビデオを観て、私は次のように、より多くの詳細を加えることができた。

ベンはキュウリの皮を剥いて種をとり、下ごしらえするよう求められた。キュウリの下ごしらえをする前に、メアリーはそのキュウリが凍っていることに気づく。彼女はテーブルの上にかがみ込み、片手でそのキュウリを掴み、もう片方の手にナイフを持ち、手の中でそれをひっくり返しながら、調べ始める。彼女は微笑みながら、ベンとティムのやりとりの途切れを待ち、それから、いくらかユーモアを込めて、「これ凍っている」と言う・・・

　これはより詳細なレベルで記述されており、場面全体をこのレベルで描写することもできる。そして、1分間のやりとりだけで、5ページ分ほどにもなるだろう。明らかに、さらに詳細なナラティブにすることもできるが、それは本書のほとんどを占めることになるだろう。あるいは、それほど詳細ではない、1ページくらいの描写をすることもできる。そして、録音記録と取り組む大部分の時間は、しばしば、この種のナラティブの描写を用意するためである。これが提供するすべてであることもあれば、トランスクリプトのテクストの前に、そのトランスクリプトで描写される時間の直前の活動の中で何が起こっていたかを読者に伝える説明を行う場合もある。そしてこの種の作業は、トランスクリプトを分析するとき —— トランスクリプトに「肉づけし」「命を吹き込む」際に —— 常に生じる。

　あるバージョンのトランスクリプトを提供することを通して、常に、目撃することができたことに（直接、あるいは録音・録画記録を通して）読者がアクセスできるよう努めているのである。常に直面するであろう問いは、どのレベルの詳細さを提供すればよいかである。一つの選択肢は、ナラティブによる説明を提供するだけにすることである。他の選択肢は、より構造化された描写の形式を提供することであり、本章の残りの部分で探究するのは、こうしたより構造化された描写をいかに作り出し、用いるかである。

基本的なトランスクリプト

　もっとも一般的な選択肢は、**逐語形式のトランスクリプト**を提供することで

5章　音声とビデオ材料の書き起こし　｜　73

あり、そこでは、話された言葉を、それを誰が話したかと一緒に、詳細に記録することを試みる。トランスクリプト（下に示す［抜粋5.1］）を作成する際、私は、この同一のシークエンスに7～10回は耳を傾けた（私はその品質に細心の注意を払った）。ビデオ記録なので、既にその録画記録をコンピュータにダウンロードしておいたが、簡単に利用できる（無料の）メディアプレイヤーを使った。最初、私は、映像を見ないで、音声だけを再生した。コンピュータにダウンロードした音声ファイルで作業するとき、フット・ペダルで操作できるトランスクリプション用コンピュータソフトを使えると、非常に役に立つ。トランスクリプション用プログラムは、録音をストップしたとき、あらかじめ定めた一定量を自動的に巻き戻してくれる。これは、再びプレイボタンを押した際に、先ほど止めた少し前のやりとりをもう一度聞くことができ、言葉を聞き逃すことがないし、いちいち巻き戻す必要もない。フット・ペダルを使えるプログラムは、ストップ、プレイ、早送りといったすべての機能を足で操作することができるので、こうしたプロセス全体をより容易にしてくれる。トランスクライバーを使えば、時間とフラストレーションを大幅に減らせる。慣れを要するが、こうしたトランスクライバーを使用すると、二者間やりとり（たとえば1対1のインタビュー）の非常に基本的な逐語トランスクリプトを作成するのに、**1時間あたりおよそ6～8時間**といったところだろう。

　下に示す［抜粋5.1］の音声ファイルを使って、最初、私はただやりとりをよく聞き、その場面の意味を理解しようとした。それから、コンピュータ上に白紙のドキュメントを開き、そのファイルをもう一度再生し、聞こえたすべてをできるだけタイプした。適宜一時停止して、聞いていることにタイピングが追いつくことができた。それから、音声ファイル全体をもう一度再生し、トランスクリプトを修正するために再び一時停止を入れながら、やりとりの最初の草稿をチェックしていった。さらにこのトランスクリプトの一部を修正していき──言葉の全体を変えることもあれば、話者が誰かを変えることもあり、言葉を足すこともある──かなり満足するところまで、このプロセスを繰り返した。

　［抜粋5.1］の場面は大きなキッチンで、ベン、メアリー、ティムの3人が料理をしている。カメラは、キッチンの一方の壁際の三脚の上に置かれていた。このシーンに入った時点で、メアリーとベンは、大きなテーブルの両サイドに

座っている。メアリーは、ちょうどワインのグラスを置き、テーブルごしにベンの方に身をかがめ、1本のキュウリをつまみ上げたところであった。ティムは、ガス台の横に立ち、調理台の上で野菜を切り、フライパンで何かを炒めている。メアリーがキュウリが凍っていると言うところから、シーンが始まる。

抜粋 5.1　（キュウリのポリティクス：台所 10：2.17-3.17）

1	メアリー：	これ凍ってる。
2		（間）
3	ティム：	凍ってる？
4	メアリー：	ええ ((笑いながら))。それは使えないと思うわ
5		（間）
6	ベン：	凍ってる
7	メアリー：	ええ。冷蔵庫の底は
8	ベン：	凍るくらい冷たい
9	メアリー：	凍っていないところがあるか見てみるわ
10		（間）
11	メアリー：	ええ。
12	ティム：	全部凍ってる？
13	メアリー：	いいえ、この部分は大丈夫。 いいわ、皮を剥くとき
14	ベン：	う、うん
15	メアリー：	これを縦に 4 つに切って
16	ベン：	あっそれからね ((重なる))
17	メアリー：	でそれから ((重なる)) 種を出して
18	ティム：	そうじゃなかったら 2 つに切って、ティースプーンを使って
19		沿って動かすんだ
20	メアリー：	どっちでも、好きな方を選んで
21	ティム：	それで明らかにポリティクスがはたらきそうだね ((メアリー
22		が笑いながら)) どっちを選ぶかで
23	メアリー：	全然。そんなものないわよ。
24	ベン：	でもひそかにあるかもね
25	メアリー：	エッ？
26	ベン：	ひそかにあるかも ((メアリーが笑う))

5章　音声とビデオ材料の書き起こし

ハマーズリー（Hammersley, 2010）が言うように、トランスクリプト作成には非常に幅広いさまざまな決定が伴う。そして私は、記録された語りの力動性をどのように表現するか決めなければならなかった。すなわち、何を差し挟むべきか、どのようにそれを述べるべきか、また、何を省くべきかについて、いろいろと選択を行わなければならなかった。読者が自身のトランスクリプトを作成する際に考慮することになるであろうことを理解できるように、このトランスクリプトを作成する際に行ったいくつかの決断を手短に概観してみたい。

　第一に、トランスクリプトのタイトルに注目してほしい。私はこれを「抜粋5.1」と呼んだ。研究者はしばしば、レポートの特定の部分がトランスクリプトであると示すために、さまざまな言葉を用いる。これらのテクストを「抜粋」と呼ぶのがもっとも普通であるが、その他に「トランスクリプト」という用語を使ったり、人によっては「断片」という言い方を好む場合もある。これらの記述語にはポリティクスがはたらいている。たとえば、「断片」という用語は、示されているものが単なる断片、継続している場面の単なる一片もしくは一部分であり、継続している場面のすべての行為ややりとりを詳細に記録することはできないことを意味している。この意味でのトランスクリプトの部分性は、トランスクリプトのすべてを**例証**として理解しようとする、私の強い衝動とつながっている。私は、この例証という意味あいを好むが、それはトランスクリプトが行う多様な作業とつながっているからである。すなわち、私の分析上の議論の特定の箇所を読者に例証すると同時に、やりとりにおけるある特定の時点において何が進行しているかを読者に例証している。

　第二に、タイトルの一部の、カッコ内のテクストに注意してほしい。私は、この一連の語りの抜粋に、「キュウリのポリティクス」というより描写的なタイトルと、「台所10：2.17-3.17」というより技術的タイトルの2つのタイトルをつけた。私が**技術的タイトル**と呼んだものは非常に重要な特徴を持っていて、このコードにより、この抜粋がどこから来たかを素早く同定できる。このケースでは、私が「台所」と名づけたオリジナルのビデオ記録に由来し、コンピュータにダウンロードした10番目のカット（それに「台所カット10」というファイル名をつけた）であるとわかる。もし私がそのファイルの中を見て、約2分17秒まで早送りし（だから2.17）、約3分17秒までそれを再生すれば、オリジナルの録画を聞いたり（見たり）することができる。より**描写的なタイ**

トル──「キュウリのポリティクス」──のおかげで、私は一目で、これがどの区間の語りなのか、すぐ知ることができる。その意味で、こうしたタイトルは記憶の補助のはたらきをし、記憶を助ける。これは、語りがもっと長いとさらに重要である。何か月も前にそのトランスクリプトを書き起こし、それが重要だと印を付けた理由を思い出すために、トランスクリプト全体を読まなければならないことにはなりたくないだろう。

　ポイントは、私の特定のコード化システムを用いることではなく、むしろ、**抜粋がどこからのものであるかを簡単に見つけられるようなやり方で印をつける、何らかの方法を発展させる**ことにある。トランスクリプトや録画記録のどのセクションから採ったかがわかり、そうすれば、直感や考えをチェックし直すために、録音を再び聞くことができ、また、トランスクリプトのより広範なセクションを再び読むことができる。

　第三に、話し手が誰かがトランスクリプトの左側に記されていることに注意してほしい。この抜粋には、ティム、メアリー、ベンという３人の話し手がいる。もし私が彼らをたとえば「A、B、C」あるいは「男１、女、男２」あるいは「友人、母親と息子」と呼んだとすると、その抜粋を読む際にどのような違いが生じるだろうか。話し手をどのようにラベルづけしたとしても、そのやりとりの特定の読みを提供することになる。このことは、たとえば教師／生徒、あるいは店員／客といった、よりフォーマルなやりとりを書き起こす際に、とりわけ明らかとなる。そういうケースでは、ファースト・ネームを使ったよりインフォーマルなバージョンや（一般にジェンダーをそこから読み取ることができる）、「A」や「B」といったより中立的な呼称よりも、「医師」「患者」といったよりフォーマルなカテゴリーを用いる決定をするかもしれない。どのようなカテゴリーを使うのが適切かを考える必要がある。経験的やり方は、しばしば、**その出会いに参加する人々にとって適切で使用可能な記述語を用いる**ことである。たとえば、一次医療におけるコンサルテーションを書き起こす際には、「医師」「患者」（もしくは、「GP」や「Dr」、また「Pt」といった略語）がもっとも適当かもしれない。そうしたやりとりにおいて人々は、こうしたアイデンティティに方向づけしており、患者である、一般開業医（GP）であるという役割で臨んでいることから、適切であろう。しかし、分析はこうしたよりフォーマルなカテゴリーにとらわれるべきではない。どこかの時点で、彼らは

5章　音声とビデオ材料の書き起こし｜77

「親しく振る舞う」こともあるからである。

　トランスクリプトに取り組んでいると、しばしば実際に話をしている人々のみを見がちだということに注意する必要がある。研究者や参加者の同僚など、話してはいなくても、そこに他者がいたかもしれない。こうしたもの言わぬ目撃者は、とりわけ音声録音にもとづいたトランスクリプトでは必ずしも見えないが、その時点における語りのたどる経路に関係しているかもしれない。

　第四に、それぞれの行に番号がつけられていることに注意してほしい。抜粋について書く際、こうすることにより、テクスト内のそのセクションを再掲することなしに、その語りの特定の部分に素早く言及することができる。行番号には、さまざまな選択肢がある。時には、5行ごとに印をつけたいかもしれない。その場合、1、5、10、15番目の行にのみ、1、5、10、15と対応する番号をつける。これは、とても長い語りのセクションを再生し、特定の行で何が起こっているかにはそれほど詳細に言及しないときには役立つだろう。また、それぞれの人の語りの交代時にのみ、特定の行番号をつけたいかもしれない。そのとき、一つの発話は、1語かもしれないし、パラグラフ全体であるかもしれない。この場合も、語りの中で進んでいることを大きく捉えて言及したいときには役立つだろう。どのように行番号をつけるかは選択次第であり、いずれのスタイルを用いるかに関しては、個人的な好みも出てくるだろう。ワープロソフトには、タイプすると、自動的に行番号をつける選択肢のあるものもある。これは、とりわけインタビューやとても長い語りを書き起こす際に、役立つだろう。

　最後に、私が参加者の語りをどのように表現したか、どのように語りをテクストの形にしたかに注意してほしい。それぞれの語り手は、順番に話しているように見え、彼らが皆話すときに理に適った特定の交代をしているような感じを与える。しかしながら、誰しも知っているように、語りは必ずしもこのように秩序だっておらず、このトランスクリプトでは、私は、語りのいくつかのニュアンスだけを描くことを試みた。たとえば、16行目と17行目で、「あっそれからね」(16)に「((重なる))」という語を付け加え、話し手たちの語りが重なったことを示すようにした。これは、ベンが「あっそれからね」と言ったとき、メアリーが同時に「でそれから」(17)と言ったことを表している。以下に示すように、ジェファーソン式のトランスクリプトには、こうしたやりとり

を表現する別のもっと技術的なやり方がある。

　また、16 行目のベンの語り「あっそれからね〔Oh and then just〕」には「t」の音が欠けていたので、「just」という語を「jus」と記すこともできた。そして、単語の多くが抜粋 5.1 に見るようには文法に適っては生成されなかったので、より音声に従ったトランスクリプトを作成することもできた。たとえば、21 行目で、私は、「はたらきそう（going to be）」と記したが、文法的には不正確ではあっても、「gonna be」と書くとより正確だったかもしれない。ベンの発話の一つである、14 行目の「う、うん（Uh huh）」で、私は、彼の反応の特徴をまさに逐語的に再生しようとした。「Uh huh」や「heh?」のような音声あるいは発話は、時に語りのパラ言語的特徴と呼ばれる。おわかりのように、話し手の語生成のバージョンに従うことと、より文法的なスタイルとの間での選択がある。

　抜粋 5.1 では、私は、笑い（4、21-22、26 行目）や疑問口調（3、12、25 行目）、間（2、5、10 行目）のようなやりとりの他の特徴も付け加えた。明らかな問うべきことは、私が間と呼んだ、発話における沈黙の長さがどれほどかである。私は、これらの間の時間を秒単位で示すこともできた。2 行目の間は約 3 秒の長さ、5 行目の間は約 6 秒の長さ、そして、10 行目の間は約 4 秒の長さである。そうした描写は、このトランスクリプトに何を加えるだろうか？　また、4 行目で、メアリーの笑いと「それは … 使えないと思うわ」の発話の間に約 1 秒の間が生じた箇所に、間を付加すべきであったろうか？　これらを自問しつつも、間違った答えや正しい答えがあるわけではないこともわかっている。何を含め何を除くか、そして、含めると決めたものをどのように表すかには、多くの選択肢がある。

細部の問題

　選択をしなければならないが、選択はしばしば、取り組んでいる録音記録のさまざまな側面と「きっちり」一致するか「ゆるく」一致するかの程度にある。厳密に一致しているほど、トランスクリプトはより技術的にならなければならないだろう。技術的という言葉で私が意味しているのは、表現しようとし

ているさまざまなやりとりの特徴を伝えるためには、一連の特別な表記のしくみを使わなければならないということである。そして、使用すると決めた表記がどういう意味か、読者が理解できるようにしなければならない。ポーランド（Poland, 2002）は、インタビューのトランスクリプトについて述べ、彼がトランスクリプトに含まれるべきであると感じたものの実際に役立つリストを開発した（ボックス 5.1 参照）。

ボックス 5.1　　トランスクリプションのためのポーランドの指示

　質的研究にとって、トランスクリプトは、インタビュー（や他のどんな文脈であれ）の中で起こったことの逐語的説明であることが重要である。すなわち、それらを編集したり、あるいは「より良い」と思えるように「整え」たりすべきではない。

　間（ポーズ）：一続きの点（...）によって、語り中の短い休止を示す。点の長さは、経過時間による（たとえば、2つの点は 0.5 秒以内、3つの点は 1 秒、4つの点は 1.5 秒）。カッコで括った（間）という言葉で、より長い間を示す。2秒から3秒の中断には「（間）」を、4秒以上の間を示す際には「（長い間）」を用いる。

　カッコ内に示した笑い、咳払い等：たとえば、「（咳払い）」、「（ため息）」、「（くしゃみ）」。一人を示す場合には「（笑い）」を、何人かの笑いを示す場合には「（笑い声）」を用いる。

　中断：誰かの発話が、文の途中で中断された際には、中断が生じた箇所にハイフォン（−）を挿入することで示す（たとえば、「あなたは何を−」）。

　発話の重なり：ある話し手がもう一人の話し手の話に割り込んだことを示す際には、ハイフォンを用いる。「（重なる）」発話を入れ、それから、（もしも続いた場合は）最初の話し手が割り込まれた箇所に戻る。たとえば：
　Ｒ：　彼は言ったんだ、彼女は無理だっ−
　Ｉ：　（重なる）誰、ボブ？
　Ｒ：　いや、ラリー。

聞き取りにくい発話：角カッコを使ってはっきりしない単語に印をつける、また、何が言われているかを推測する場合にはクエスチョンマークをつける（たとえば、「そこで、ハリーは［前屈みになった？　言い繕った？］」）。まったく聞き取れない部分を示す際には x を用いる（x の数は、聞き取れない単語のおおよその数を示している）。たとえば、「ジーンは、xxxxxx xxxxx xxxxx 行った、それから家に［帰った？　行った？］」。

強調：強調している箇所を示す際には、大文字〔日本語では太字等〕を用いる。たとえば、「彼は**何を**したんだ？」（He did WHAT?）。

伸ばされた音：伸ばされた音は、ハイフォンで区切って、繰り返す。もし強調されていれば、そこを大文字で示す。たとえば、「い－い－え、そういうわけでもない」や「私はと－っ－て－も幸せです」。

他者のヴォイスの言い換え：話し手が、他の誰かが言ったことを嘲笑的に真似ている、もしくは、頭の中の内なる声を表現している場合には、引用符を用い、（声を真似る）のように示す。たとえば、

R：　それじゃあ、彼が何を口にしたか知ってるかい？　彼は（声を真似る）「**君が俺**になめたまねをさせとくなら、俺はへったくれさ」と言ったんだ。そのとき、私は「目にもの見せてやろうじゃないか」と思ったんだ。

出典：Poland（2002, p.641）

　どのレベルの表記法を用いるかという問題は、データとどのように関わるかと緊密に結びついている。上述の抜粋 5.1 の詳細さのレベルは、比較的基本的なレベルのトランスクリプションを例示するために選んだ。そうは言っても、これは、もっとも単純なレベルのトランスクリプションとはほど遠いものである。インタビューの引用を報告している論文を読む際、インタビュアーの質問、間、反応のしるし（はぁ、えぇといった単語）、声の調子や笑い声といったものがめったに示されていないため、しばしば、そのやりとりの性質がわからないことになる。

5章　音声とビデオ材料の書き起こし　｜　81

抜粋 5.1 を読む際に、何らかの出会いの感覚、話し手たちが言語的なやりとりで行っていることの何らかの感覚をつかんでほしい。この抜粋は、やりとりの中の1分間のみを扱っており、私が満足する詳細さのレベルまで書き起こすには、ある程度の時間、おおよそ10分かかった。それだけの時間をかけて、私は、言葉が正しく、語の順番が正しく、そして、他のやりとりの特徴がわかるようにできたという確信を持てた。そうは言っても、私は上述の部分をトランスクリプトに沿って書いたのだが、録音記録を聞き直すと、単語を2個、間を1箇所、さらに加えなければならなかった。このことは、次に示す2つの重要なことを示している。

- 録音記録のトランスクリプトだけから、分析のすべてを行おうとしない。
- トランスクリプトは生きていて、徐々に進化するドキュメントである。それらは常に、変化したり変更されたりする。

私は個人的には、トランスクリプトのみからいかなる**分析**も行おうとは思わない。それはやりとりの、かなり平板な再現だと思っている。と言うのは、そこにあることが、まさにそこで起こっていることだと容易に「惑わされ」たり、会話の特定の調子や声や話の速さを聞くことで得られるニュアンスを聞き逃してしまうからである。私が参加したあるデータセッションで、録音を聞く前に、ある程度長いトランスクリプトについて議論したグループのことを思い出す。インタビューのその部分はかなり緊張をはらんだゆっくりとしたペースであるという私たちの理解は、いったん録音を聞くと変化した。紙の上では、インタビュアーが過度に用心深く質問しているように見えたことが、まったく率直なものとして聞き直された。

録音記録を聞き直すことを通して、その出会いの特定の瞬間において、まさに進行していることと絶えず関わり直すことになる。同様に、分析の方向が変化するにつれて、よりニュアンスに富み、肌触りの感じられるトランスクリプトへの必要も変化するだろう。ここで、会話分析やディスコース心理学のある種の形式をとる人々によってもっともよく使われている、トランスクリプションの特定のスタイル、ないしジャンルへと転じることにしたい。この形式の分析をとる人々にとっては、やりとりの詳細における非常に繊細なレベルを理解

し、記録することがきわめて重要である。

ジェファーソン式トランスクリプト

1960年代、ゲール・ジェファーソンは、日常のやりとりの中に見出される語りの一定の側面を示すために、タイプライターにあるシンボルを使用するようデザインされた、特定のスタイルのトランスクリプション表記法を開発した。この表記システムは、現在では非常に広範に利用されており、会話分析の形式を採用する人々にとってはほとんど標準、もしくは基本となっている。ボックス5.2は、このスタイルで作業を行う人々の使う主要な特徴の概観である。

ボックス5.2 簡易版ジェファーソン式トランスクリプションの決まり

記号	例	説明
(0.6)	それは (0.5) 変だ？	1/10秒単位で測定される**沈黙の長さ**
(.)	そうだね (.) いいよ	2/10秒未満の**短い間**
:::	私 ::: 知らない	コロンは直前の**音**が伸びていることを示す。列の数は伸ばされた音の長さを示す。
	それ知ってる	アンダーラインは話し手の強調もしくは**強勢**を示す。
[	T：[えぇあれは R：[私が実際意味してるのは	左カッコは一方の話し手が他方の話し手の語りと重なるポイントを示す。
=	わかるでしょ＝元気です	等号記号は言葉の間に**聞き取れる間隙**がないことを示す。
WORD	約**100万**（about a MILLION）	冒頭部以外の大文字はそれを取り囲む語りと比べて**目立って大きな声**を示す。〔日本語では太字等を用いる〕

5章　音声とビデオ材料の書き起こし　83

°　　　°	°うん えぇ°	度の印に囲まれた語はそれを取り囲む語りよりも**声が小さい**ことを示す。
＞＜	＞そうは思わない＜	「より大」と「より小」の不等号に囲まれた語は、それを取り囲む語りよりも**より速い**ペースで述べられる。
＜＞	＜そうは思わない＞	「より小」と「より大」の不等号に囲まれた語は、それを取り囲む語りよりも**より遅い**ペースで述べられる。
？	おぉほんと？	クエスチョンマークは**イントネーションの上昇**を示す。
.	えぇ.	ピリオドは**イントネーションの下降**を示す。
Hhh	知ってるよ.hhh君が	.が前につけられたhの列は**吸気**を、.なしのhの列は呼気を示す。hの数は吸気もしくは呼気の長さを示す。
（　）	なんて（ ）こと	空白のカッコは何が言われたか**聞き取れない**ことを示す。
（語）	あなたは何を（してる）	カッコ内の語はもっともあり得る**聞き取り**を示す。
（（　））	わからないわ((咳払い))	二重カッコ内の語は表記者による**描写**である。

Jefferson (2004) から改変

　これは、語りのテクストを作る、過度に技術的で複雑なやり方のように見えるかもしれない。この表記法システムを使って書かれたトランスクリプトに初めて接したときには、しばしば、テクストを理解し、その語りがまさにどのようなものだったのかを想像するのが難しい。私がジェファーソン式のトランスクリプトを初めて読もうとした際には、読む案内として、目の前に記号のコピーを置かなければならないのが常だった。私はまた、記号が語の音や速さをどのように修飾しているかを理解しようと、各行を声に出して読んだりしたものだった。ちょっとした訓練は必要であるが、短期間のうちに、記号を読み、

84

理解することができるようになる。トランスクリプトを傍に置いて語りの録音を聞くことができれば、より意味を理解することができる。

　ジェファーソン式のシンボルを使って、抜粋 5.1 のトランスクリプトの一部にさらに詳細を加え、もう一度書き起こしてみた。

抜粋 5.1.1　　（抜粋 5.1 の一部を再び書き起こしたもの）

```
 1  ティム：     全部凍ってる？  ＝
 2  メアリー：  ＝いいえ . この部分は大丈夫 . いいわ、皮を :: 剥くとき、
 3  ベン：      °う、うん°
 4  メアリー：  これを縦に＝ 4: つに切っ : て . ［でそれから］
 5  ベン：                            ［あっそれからね］
 6  メアリー：  種を出して ＝
 7  ティム：    ＝あるいは 2:: つに切って、ティースプーンを使って
 8            （（ 叩く音 ）） 沿ってさっと動かすんだ .
 9            (0.3)
10  メアリー：  どっちでも、好き : な方を選んでいいのよ . ＝
11  ティム：   ＝（だと）明らかにポリティクスがはたらきそうだね .(.)
12            ［ どっちを選ぶかで ］＝
13  メアリー：［>フ h<ヘ h ヘ h ヘ : h］＝全然 .
14            （（ カサカサという音 ））
15            (0.4)
16  メアリー：  そんなものないわよ . ＝
17            ＝（（ 叩く音 ））
18            (0.4)
19            （（ カサカサという音 ））＝
20  ベン：     ＝でもひそかにあるかもね
21              (0.4)
22  メアリー：  エッ h?
23  ベン：      ひそかにあるかも ＝
24            ＝エェ　°ヘ h ヘ hh ヘ h°
```

　まず、抜粋 5.1 に戻って、2 つのトランスクリプトを行ったり来たりしなが

ら、両者の違いに注意してほしい。見てわかるように、抜粋 5.1 の 12 行目から 26 行目を取り上げ、書き起こし直した。抜粋 5.1 では 15 行だったものが、ここでは全体で 24 行になっている。したがって、実際の詳細さのレベルや記号の量が大きく増加している。抜粋 5.1 を再び読み、それから抜粋 5.1.1 を読んで、各行を比べてみよう。明らかに抜粋 5.1 は、きわめて標準的な表記を使っているので読むのが簡単だが、一方、抜粋 5.1.1 は、おそらく一筋縄ではいかず、語りを理解するには、ボックス 5.2 を参照する必要があるだろう。

　おそらく、「なぜわざわざ？」と思っただろう。最初に挫折感を感じたかもしれないが、ほかに何か得ただろうか？　私にとって得られたことは、この場面のより肌触りの感じられる再描写である。今や、私たちが日頃やりとりをする、非常に巧みで見事なやり方を感じ取ることができる。このトランスクリプトは、話し手たちがまさにおしゃべりをしながら協同して料理を作っている最中に行っている、きめの細かな大量のやりとりの作業の再描写に着手している。たとえば、トランスクリプトの中で「＝」記号を用いたすべての瞬間を見てみよう。等号記号は、語と語の間に聞き取れる間隙がない箇所を示すために使われる。それは次のいずれかである。

- 一人の話し手がある語を次の語にくっつける。たとえば、4 行目で、メアリーが「これを縦に＝ 4: つに切っ : て .」と言うところでは、「縦に」と「4 つに」という単語が互いにほとんど浸透しあっている。彼女は、「4 つ」の音を伸ばして、「4 ぉぉぉぉつ」のような音になり、いくらかイントネーションを落とし、音量もやや落とすことで、あたかも、そのキュウリの準備のやり方に関する指示、もしくはフレーズが終わりであることを指示している。「縦に」という語を示す際、彼女は速度を上げ、あたかも 2 つの語が相互に流れ込むように聞こえる。したがって、彼女は、語りをくっつけることを通して、このキュウリを準備するやり方を指示するまさにこの特定のフレーズに、この付加的な重要な特徴をタグづける作業を行っている。
- 一人の話し手が自身の語りを前の話し手の語りにくっつける。たとえば、7 行目でティムは、「＝あるいは 2:: つに切って」と述べ、そのキュウリの下ごしらえのやり方について代わりとなる指示をし始める。6 行目でメア

リーは、指示の最後の部分を提示しており、ティムは明らかに、これを彼
女の指示の最後の部分として聞いており、まさに彼女が話し終わるポイン
トで、ティムは直ちに彼の語りを始めている。このようにして、彼の代替
的な一連の指示は、その前の指示にくっついており、語りの流れ、もしく
は、このキュウリの下ごしらえをする可能性のあるやり方の流れに、聞き
取れる間隙はない。

- **一人の話し手が自身の語りを前の音にくっつける**。たとえば、19 行目で、
  私は、「カサカサという音」としてしか描写できない、聞き取れた音の描
  写を行った（ビデオを見ると、メアリーが作業台に食料の入った袋を置いた
  ときに生じた音であった）。その音が終わると、ベンは、しゃべり始めた。
  このようにして、ベンは、私たちがいかに、他者や自身の語りと合わせて
  語りを作り出すかだけでなく、また、進行する場面の中のさまざまな音に
  も合わせて語りを作り出していることを示している。

　これらは、このような詳細なトランスクリプトがどのようにして録音記録の
いくつかの特徴を示すことができるかの、一つの例にすぎない。先に述べたよ
うに、重要なことは、オリジナルの録音記録を見聞きできない他者も、このよ
うなきめの細かい特徴に触れることができることである。

　また、この 2 種類のトランスクリプトのバージョンの間の、その他のいくつ
かの違いについても述べておきたい。たとえば、抜粋 5.1 では、私は、語りの
重なりや笑いといったことを単純に二重カッコ内に記し、バンと叩く音やカ
サカサという音のような他のことは省いた。抜粋 5.1.1 では、角カッコを使っ
て、話し手が重なるところを示し、笑いの瞬間を書き起こそうと試みた。また、
話し手が何らかの形式の音声上の強調をどのように語に加えたかを示すため
に、いくつかの語の全体もしくはその一部に下線を引いたことにも注意された
い。笑い声、泣き声や同様の声の長いシークエンスを書き起こす際の注意を一
言。書き起こそうとするとたいてい、頭にきて怒り出したくなるだろう。その
音がどのようなものか言葉で捉えようと、莫大な時間を費やすことになるだろ
うが、もう一度聞くと、さらにそれを変更することになる。

　そうした詳細なトランスクリプトを作成する際、多くの訓練と多くの時間が
かかることを十分に理解する必要がある。この抜粋全体を書き起こし直すのに、

私の場合、かなり腕が落ちていたこともあるが、約30分かかった。**15分の語りをジェファーソン式の詳細さのレベルで書き起こすには約8時間かかる**と言われたものである。それがどれほど正確なのかは知らない。と言うのも、私は時間を計ったことがないし、一日中書き起こしだけをしたこともない。

　抜粋5.1.1を書き起こす際、私は、特定の特徴を聞き出そうとして、非常に短い区間を繰り返し聞くことに長い時間をかけた。このレベルの詳細さで書き起こしてゆく際には、**誰か他の人と一緒に作業を行うことが実際役立つことがある**。すなわち、同じ録音記録で一緒に作業を行い、聞いたことを書き出し、紙の上にそれをいかに再生するか助け合うのである。また、間、強調や重なりなど、1回に一つのことだけに焦点をあてることも役立つ。間の長さを測るのには、さまざまな選択肢がある。ローテクなやり方は、「one-one-thou-sand, two-one-thou-sand, three-one-thou-sand」[訳注]といった言葉を使うやり方である。それぞれの区間は約1秒かかり、その各部分は約0.2秒である。誰かが話すのを止めたらすぐにこれを言い始め、話し手がこの言葉と重なったら書き留める。だから、たとえば、もしあなたが「one-one」と言ったところで話し手が話し始めたら、間は約0.4秒となる。録音記録のその部分をもう一度再生し、聞いたことを再度チェックする。もう一つの選択肢は、ストップウォッチを使うことであり、さらに技術的な解決法は、間を計ることができるコンピュータソフトを使って、録音記録を再生することである。私にとっては、間の完全に正確な長さを測ることは、間の存在や、それがあったときの人々の反応ほどには重要ではない。

作業用トランスクリプト vs. 報告用トランスクリプト

　書き起こしをする際にどのレベルの詳細さにするかを決めるのは、重要な決断である。実際に、書き起こしについて2つの段階で考えなければならない。最初の段階は、**作業用トランスクリプトの生成**である。これは、日々作業する

［訳注］one-one-thou-sand と言うと約1秒かかることから、時間を計る際に英語圏でよく使われる。

ドキュメントである。記録を繰り返し聞くことで（あるいは見ることで）それを発展させる。その過程でそれは変えられ、改変され、変容され、しばしば分析上のコメントが加えられる。それはその特定の記録の中で何が起こっているかを思い出すのを助ける方策にすぎず、理解を導く方法にすぎない。ある意味では、その場面のいくつかの特徴についてよく考えることができるように、聞いている（あるいは見ている）ものを**遅くする**ことができるようにする方策である。それは、その出会いの完全な記録であることは**決してない**。詳細さのレベルは、何を探索しているかによる。もし、瞬間瞬間のレベルでやりとりがいかに生じているかに興味があるのであれば、ジェファーソン式のトランスクリプトに近いものに取り組むことになるだろう。

　作業用のトランスクリプトは、報告用に作成するものよりも、おそらく詳細さのレベルが高いだろう。最初に必要だと感じたことのみを書き起こすことに注意を限定するよりも、むしろ、気づいたときに特徴を加え、書き起こしすぎる方がよい。たとえ会話分析スタイルの研究をするつもりがないとしても、ある語への特段の強調、語りの特定のリズムや笑い、あるいは、議論の中での語りの重なりといった特定のシークエンスに気づけば、それはそこで起こっていることがまさに何であるのかを理解する助けとなるだろう。こう言ったからといって、起こっていることを理解する第一の方法は、常に録音・録画記録に立ち戻ることであるのは、いくら強調してもしすぎることはない。**トランスクリプトは常に、二次的な記憶のための方策なのである。**

　書き起こしの第二段階は、**報告用トランスクリプト**である。これは、最終報告書もしくは論文、そして（望むらくは）書籍に掲載するドキュメントである。読者に対して、十分な詳細さ ── 十分なテクストによる証拠 ── を提供できる必要があり、それは、読者が、トランスクリプトに照らしてなぜその特定の分析のポイントに至ったのかがわかるものでなければならない。しかしながら、書き留めた詳細の**すべて**を含めることは、当該の議論の展開には必要ないかもしれない。

ビデオにもとづくデータを使う

　上に挙げたトランスクリプトは、言語的なやりとりにどう取り組むかのみについて述べてきた。そして、最初に記したように、私は実際には、この出会いをビデオ録画しており、したがって、まだ、立ち現れてくる場面の参加者の（そして私の分析的な）理解を深める、その他の大量のやりとりについての作業がある。これら他の特徴には、次のようなことがある。

- **注視** —— 参加者各自の注視の方向や、それがやりとりの最中にどのように移動するか。
- **接触** —— 自己接触、他の話し手との接触や、モノや人工物への接触や操作
- **身振り** —— 指差しや概念を例示するといった行為
- **姿勢** —— 頭、肩や下半身の向き、および身構え
- **空間的位置取り** —— 他の参加者、モノ、人工物との関連における位置取り
- **他の行為** —— 歩くといったことを含む

　さまざまな研究者が、トランスクリプトの読み手にこれらの行為を伝えることのできる、さまざまな方法を発展させてきた。主要な選択肢として、以下のようなことがある。

- トランスクリプトについての議論の中に、これらの行為のナラティブ描写を入れる。
- トランスクリプトの中に、これらの行為のナラティブ描写を入れる。
- トランスクリプトの中に、これらの行為の特定の書き起こし表記法を用いる。
- トランスクリプトと一緒に、行為の線描を用いる。
- トランスクリプトと一緒に、行為のスクリーンショットを用いる。
- トランスクリプトと一緒に、やりとりのビデオ録画記録を提供する。

再び、上記のトランスクリプトの一部を取り上げて、これらの選択肢のいくつかを実際にどのように達成するかを示そう。これを再現するトランスクリプトは複雑になるので、ごく短い部分のみを取り上げ、進行している場面におけるいくつかの特徴にのみ焦点をあてることをお断りしておく。

イメージを書き起こす

　抜粋 5.1.2 は、（抜粋 5.1 のような）単純な書き起こしと、非言語的な行為のナラティブ描写の両者を用いている。トランスクリプトを読む前に、全員がどのように空間内に位置づけられているかをイメージすることが大切である。ティムはメアリーとベンに背中を向けて立っている。ティムはガス台に向いて、フライパンで食べ物をかき混ぜている。ベンとメアリーは向かい合い、大きなテーブルに座っている。

抜粋 5.1.2　（抜粋 5.1 の一部分を書き起こし直したもの）

1　　　　　　　　((ティムはメアリーを見る))
2　ティム：　　全部凍ってる？
3　メアリー：　いいえ、
4　　　　　　　　((ティムはフライパンを見る))
5　メアリー：　この部分は大丈夫。　いいわ、皮を剥くとき
6　　　　　　　　((ティムはメアリーをちらっと見てフライパンに注意を戻す))
7　ベン：　　　う、うん
8　メアリー：　これを縦に 4 つに切って
9　　　　　　　　((ティムはメアリーとベンを見る))
10　ベン：　　　あっそれからね ((重なる))
11　メアリー：でそれから ((重なる)) 種を出して
12　　　　　　　((ティムはベンを見て、彼の方を指差す))
13　ティム：　　あるいは
14　　　　　　　((メアリーはティムを見て笑う))
15　ティム：　　2 つに切って、

---

5 章　音声とビデオ材料の書き起こし

16		((メアリーはベンを見る))
17	**ティム**：	ティースプーンを使って
18		((メアリーはベンにナイフを投げる))
19	**ティム**：	沿ってさっと動かすんだ
20	**メアリー**：	どっちでも、
21		((ティムは素早くフライパンの方を向く))
22		好きな方を選んでいいのよ

　おわかりのように、こうしたナラティブ描写は、場面に生き生きとした感じや、話し手が行っていることの感覚を与えてくれる。残念なことに、ベンはカメラに写らないところにいて、彼については言語情報のみしかない。この情報が加えたと私が感じるのは、読み手に、これらすべての話し手が言語的作業と非言語的作業の**両者**を通して、やりとりを調整する作業をまさにどのように行っているかを示し始めたことである。これら 2 つの作業は密接に関連しており、一方を理解することなしには他方を十分に理解することができない。たとえば、15 行目におけるティムの代替的な指示、「2 つに切って」は、メアリーの指示に真っ向から対立するものである。そして、8 行目でメアリーが行っている「これを縦に 4 つに切って」という指示の**直後**に、ティムがフライパンから目を離し、他の参加者に向け、そして、彼が代替的な指示をし終える直後まで、フライパンに焦点を戻さないでいることに注目してほしい。このようにして、彼女の最初の指示がどのようにして代替的な指示の可能性を引き出すきっかけになったか、そして、まったく文字通りに、ティムが、どのようにして、キュウリの下ごしらえのやり方に関して進められている議論に完全に注意を向けたかがわかる。

　こうした読みをさらに探究するために、同じトランスクリプトの一部を、これらの行為がどこで生じているかをより正確に印づけるための、より特定的な表記法を用いて表現し直してみよう（抜粋 5.1.3）。

抜粋 5.1.3　（抜粋 5.1 の一部分を書き起こし直したもの）

1　メアリー：　＝いいえ．この部分は大丈夫。　いいわ、皮を∷剥くとき，
　　　　　　　　　　∧　　　　　　　　　　　　　　　∧
　　ティム：　　フライパンの方を　　　　　　　メアリーの方を
　　　　　　　　向く　　　　　　　　　　　　　向く
2　ベン：　　　°う、うん°
3　メアリー：　これを縦に＝ 4: つに切って．〔でそれから〕
　　　　　　　　　　　　∧　　　∧
　　ティム：　　フライパン　　素早くメアリーとベン
　　　　　　　　の方を向く　　の方を向く

　おわかりのように、ティムがまさにどこで振り向いたかを記すことで、彼が何に向かっているかをよりよく理解することができる。また彼は、メアリーがちょうど「4: つ」という言葉を言い終える瞬間に、その前の動きと比べずっと素早く注視の方向を変えている。見てきたように、この彼女の指示の一部である「4: つ」という言葉に、ティムは賛同していない。彼の解決方法は、それを半分に切ることであった。したがって、このトランスクリプトは、この特定の行為がまさにどこで起こっているかを示そうとしている。

　このように抜粋 5.1.3 のトランスクリプトを作り出すことで、議論を強めることができた。私は、読み手に、その記録から見て取ったものを提供した。確かに、抜粋 5.1.3 で示したよりずっと多くのことが、この瞬間に起こっていた。この箇所の私の**作業用**トランスクリプトは、抜粋 5.1.4 のようなものである。

抜粋 5.1.4　（抜粋 5.1 の一部分を書き起こし直したもの）

　　メアリー：*頭を振りながら*
　　　　　　　キュウリの端の部分を切り落とす
　　　　　　　　　∨
1　メアリー：　＝いいえ．
　　　　　　　　　∧
　　ティム：　　*フライパンの方を向き、フライパンをかき混ぜ続ける*

5章　音声とビデオ材料の書き起こし　│　93

> メアリー：*素早くキュウリの端の方を*
> *自分に向け、端の方を見る*
> ∨
>
> 2 メアリー： この
>
> メアリー：*キュウリの反対の端の方を自分に向け*
> *その端の方を見る*
> ∨
>
> 3 メアリー： この部分は
>
> メアリー：*ベンの方に頭を揺らす*
> ∨
>
> 4 メアリー： 大丈夫.
>
> メアリー：*ベンの方にかがむ*
> *そしてナイフをとり、キュウリを垂直に掴む*
> ∨
>
> 5 メアリー： いいわ、皮を

　おわかりのように、このバージョンのトランスクリプトではさらに詳細が提供されており、主にキュウリの処理に関するメアリーの作業に焦点をあてている。論文のバージョンはもっとずっと込み入っていて、さまざまな矢印やボックスや線を使い、ほぼA4用紙の片面を占めている。ここで行おうとしている議論に特段何かを付け加えるものではないので、抜粋5.1.3をこのレベルの詳細で示すことはしなかった。余談だが、私のケースでティムがどう行為するかについてのみ議論するのに、抜粋5.1.3のトランスクリプトが十分役割を果たしていることからもわかるように、トランスクリプトがどのようにレトリック*的なしくみとしてはたらき得るかが理解できるだろう。もし、メアリーが行っていたすべての作業を加えたなら、議論を読み取るのが容易ではなくなってしまい、そうした細部の中で見失われてしまっただろう。

　読み手に起こっていることがわかるように伝えるもう一つの方法は、ビデオ画像のスクリーンショットや静止画像を提供することである（より詳細につい

ては、Banks, 2007/2017 参照）。そうすることによって、行為やジェスチャーの文字による描写だけを用いるよりも、視覚的に示すことができる。たとえば、図 5.1 で、ティムがキュウリの下ごしらえのやり方に関する代替的指示を提案する瞬間を再び見てみよう。すると、ジェスチャーのはたらきや話し手の身体的な方向づけを感じ取ることができる。たとえば、最初のフレームで、メアリーがベン（左側にいてカメラの視野にはいない）の方にどのように向いており、フレーム（b）では、彼女が今度はティムを見て微笑んでいることを見て取ることができることに注目してほしい。これらの画像を作成するために、私は、コンピュータのメディアプレイヤー上で、さまざまなポイントで画像を静止させ、「コピー」ボタンをクリックし、ドキュメントにそれらを貼り付け、その画像を縮小した。使用したメディアプレイヤーは、インターネットからダウンロードした、簡単に利用できる（そして無料の）ものである。

　ただし、スクリーンショットを使ったからといって、いつでも動きやジェスチャーの多様な側面をきめ細かく示せるわけではない。たとえば、フレーム（a）から（e）で、ティムの両手の位置の違いに注目してみよう。まず、彼はベンの方を指し、それから、「2::つに切って」と言いながら左手を切る動作で下に動かす。彼はそれから左手を上げ、何かを持っているかのような──そして彼が「そして、ティースプーンを使って」と言っているものを与えるかのような位置にもっていく。このジェスチャーは、スプーンを持って行う作業を示そうと試みている。彼はそれから、仮想のスプーンで何かを掬うように、手を前方に動かして上げる。運動の軌跡のこのレベルの詳細が、いつもスクリーンショットだけで得られるわけではない。それは一部は運動のスピードのためであり、また基本的機能しか持たないメディアプレイヤーしか使わなかったという事実のためでもある。ポイントは、どんな技術を使用しようとも、実際の記録には及ばないのであって、常に何らかの特徴が失われるということである（そして上に述べたように、記録自体、進行している場面の一つの視点を与えるにすぎない）。

　一つの選択肢は、テクストと共に録画記録を実際に提供することである。録画の一部をウェブサイトにアップすることができる。しかし、倫理について述べた節で指摘したように、**静止画像、スクリーンショット、音声・録画ファイル**にかかわらず、そうするにあたっては**参加者の同意を得なければならない。**

5 章　音声とビデオ材料の書き起こし｜95

画像を掲載するにあたって、参加者の顔にぼかしを入れたり、目や顔の部分を黒い四角で覆ったりする研究者もいる。あるいは、線画にして掲載する研究者もいる。先述したように、ほかにもこうした視線や動き等を表現するいろいろな方法があり、コンピュータのキーボードでこれらを表記する特別な表記法を使用する研究者もいる。

まとめ

　ひとたび録音・録画記録を作れば、通常、記録のすべてもしくは一部を書き上げて何らかのドキュメントの形式にしようと思うだろう。そこで、どのレベルの詳細さで提示するかに応じた、さまざまな選択肢について述べた。以降の章では、他の研究者がトランスクリプト作りに用いてきた、さまざまに異なった方法を見ていく。そうすることで、特定のリサーチクエスチョンや興味・関心を考慮して、どのバージョンを使ったらよいかの感覚を得ることができるだろう。

　上で繰り返し述べてきたように、書き起こすという行為を通して、描写しようとしている場面を形作っていく。そうすることで、やりとりのその瞬間に何が起こっていて、何が焦点をあてるべき重要なことなのかに関する、自分自身の理解と読み手の理解の両者を形作る。より詳細なトランスクリプトを作り出す方法を学ぶもっとも良い方法は、ペアで書き起こしを行うことであり、もっと良いのはグループで行うことである。他の人と一緒に作業を行うことで、なぜその語りのその部分をそのように描写すると決めたのか、その理由について議論するだろう。もっと重要なことは、そうしたグループで一緒に聞くことは、何らかのデータ分析を実際に行う機会を与えることになり、そこでの議論は、自分の分析をチェックし直し、まさにそこで起こっていることに再び取り組み、再度理解することへと導く。完成したトランスクリプトを、分析作業のスタート地点にすべきではない。分析作業は、記録を繰り返し聞いたり見たりすることの中で、また、それを通して行われるのであり、そして、分析がよって立つ土台は、書き起こしのプロセスを進めていくことを通して、その中にあるのである。

(a)
ティム： ＝あるいは

(b)
ティム： 2::つに切って、

(c)
ティム： ティースプーンを使って

(d)
ティム： ((叩く音))沿ってさっと動かすんだ．

(e)
(0.3)
メアリー： どっちでも、好き:な方を選んでいいのよ．＝

図 5.1　抜粋 5.1 の一部を書き起こし直したもの
注：太字で書かれた箇所は、スクリーンショットがとられたポイント。

5 章　音声とビデオ材料の書き起こし　｜　97

███ **キーポイント**

- 記録とトランスクリプトは常に選択的であり、常に部分的である。

- 記録のトランスクリプトから分析のすべてを行おうとしない。トランスクリプトは、生きた、進化していくドキュメントである。それらは常に、変化や変更が可能である。

- 詳細な書き起こしを始める際には、誰か他の人と一緒に作業を行い、同じ記録を一緒に作業し、聞いたことについて、そしてそれをどう紙の上に再生するかについて、互いに助け合いながら作業をすることが、実際に非常に役立つ。

さらに学ぶために

書き起こしの問題に関しては、以下の資料も参照。

Antaki, C. (2002) *An introductory Tutorial in Conversation Analysis*. Online at http://www-staff. lboro.ac.uk/~sscal/sitemenu.htm［2005年10月5日アクセス］

Ayaβ, R. (2015) 'Doing data: The status of transcripts in conversation analysis', *Discourse Studies*, 17(5): 505-528.

Banks, M. (2007) *Using Visual Data in Qualitative Research* (Book 5 of The SAGE Qualitative Research Kit). London: Sage.［バンクス／石黒広昭（監訳）（2016）『質的研究におけるビジュアルデータの使用』（SAGE 質的研究キット5）新曜社］（改訂版は、Banks, M. (2017)）

Kvale, S. (2007) *Doing Interviews* (Book 2 of The SAGE Qualitative Research Kit). London: Sage.［クヴァール／能智正博・徳田治子 (訳)(2016)『質的研究のための「インタービュー」』（SAGE 質的研究キット2）新曜社］（改訂版は、Brinkmann, S. & Kvale, S. (2017)）

Heath, C., Hindmarsh, J. & Luff, P. (2010) *Video in Qualitative Research*. London: Sage, Chapter 4.

訳者補遺

フリック, U.（著）／小田博志（監訳）(2011)『新版　質的研究入門──＜人間の科学＞のための方法論』春秋社〔Flick, U. (2007) *Qualitative Sozialforshung*. Hamburg: Rowohlt Verlag. の訳〕

鈴木聡志 (2007)『会話分析・ディスコース分析：ことばの織りなす世界を読み解く』新曜社

6章　会話を探究する

発話におけるありふれた瞬間の探究
社会生活の習慣的組織化
だから何なのか？
まとめ

この章の目標

- 発話や会話を研究する方法について、より多くの見方を知る。
- 主に会話分析やディスコース心理学の研究の伝統から、発話ややりとりを記録した音声、またはビデオ記録をどのように用いて研究を行うのか知る。
- さまざまな発話のトランスクリプトに関する議論から、会話を分析する際に焦点をあてることの多い語りの主要な特徴を理解する。

　会話を研究することが、社会や文化を理解するための有益な方法になり得るという考えは、一見すると奇妙に思えるかもしれない。私たちの毎日の生活の中で、発話は「ただの発話」であるという明白な事実に直面する。誰かに彼らが言ったことを説明するように求めると、「いや、大したことじゃないよ」と返すかもしれない。このような視点からは、会話へのどのような注目も、とても些細なことの一つであるように見えるだろう。しかし、少し立ち止まって考えてみれば、会話——あるいはより一般的な描写をしたければ相互作用——は、潜在的に、私たちが友人を作ったり、関係を持ったり、ものごとを学んだり、仕事をしたりといったことの中心的な方略であることを理解するのは難し

101

くない。モアマン（Moerman, 1992）は、「話すことは社会的相互作用の中心的部分であり、社会的相互作用は、核と執行者であり、講堂と教師であり、経験された社会生活の文脈そのものである」（1992, p.29）と述べている。

　会話分析の創設者の一人であるハーヴェイ・サックスは、会話分析の取り組みにおける中心的な研究方略について概要を述べている。彼は「シンプルに」こう言う。「ものごとが立ち現れるやり方を、ただ受け入れるように努めなさい … 人々が生み出すものを生み出そうとするときのやり方がどのようなものかを理解するために見なさい」（Sacks, 1995, Fall. 1964: 11）。サックスのアドバイスについて考えるために、下の発話例を見てみよう。

抜粋6.1　（Beach & Metzinger, 1997, p.569. 簡略化されたトランスクリプト）

スー：　　　彼はすべてのことにどうやって気づいたのかしら (0.4)
フィオナ：　わ :::: わかんないな、仕事かケイを通してじゃないかしら。

　ここでスーは、「彼」と言われている人物が何かについてどのように気づいたのか疑問に思って声に出す。多くの人々は、フィオナが「私の**直感**として、仕事かケイを通して気づいた」と言っているものとして聞くだろう。フィオナが実際には知っているが認めたくないのかどうかはわからない。しかし、彼女が**確信を持てずにいると表明している、あるいはそのように振る舞っている**のを見ることができる。確信を持てずにいると表明する、あるいはそのように振る舞うことを通して、フィオナは「この情報の正確さについて私に責任があると考えないでほしい」と言おうとしている。

　このことについて、レイプに関する裁判からの別の例を見てみよう。被告弁護人が、レイプを受けたと主張する被害者に対し証人反対尋問を行っているシークエンスである。

102

> **抜粋6.2**　（Drew, 1992, pp. 478-479）
>
> 弁護士：　えーあの夜に、えー、彼はえー ⋯⋯、自分の彼女になってほし
> 　　　　　いとあなたに頼みませんでしたか。
> 　　　　　(0.5)
> 弁護士：　彼はあなたにそのことを頼みませんでしたか？
> 　　　　　(2.5)
> 証　人：　あの夜に彼が私に何と言ったのか、**私は覚えていません**。
> 　　　　　(1.2)
> 弁護士：　えー、あなたは被告といくらか、えーえーそれなりに長い会
> 　　　　　話を交わした、えー、そうですね？
> 　　　　　(0.7)
> 弁護士：　2月14日の夜に？
> 　　　　　(1.0)
> 証　人：　私たちは話をしていただけです。

　ここでも、「私は覚えていません」という言葉が必ずしも個々の話し手の記憶のはたらきに結びつけられることなく、むしろ**社会的行為**としていかに理解することができるかの実例を見ることができる。「私は覚えていません」という答えを通して、彼女は質問を承認するのを避けるとともに、彼女に潜在的に損害を与える、もしくは不名誉なことになり得る情報を承認することと否認することの両方を避けるのである。弁護士はそれからこの線で議論をさらに展開し、彼女は「**私たちは話をしていただけ**」と答えている。彼女は自身の記憶あるいは確信の欠如を表明することを通して、彼女に対する被告の行動を彼女は重要だと見ていないことを表示している。これが起こった日に注目しよう。バレンタインデーである。彼女への「自分の彼女になってくれ」という頼みと、彼女との「長い会話」という被告の行動は、そのときには特段注目しなかったため、彼女の記憶に残らなかった。その言外の意味は、そのとき、彼女は彼に対して特別な興味や注意を向ける特定の理由を持っていなかったということであり、とりわけ彼女が「彼を誘い込んだ」と非難されるいわれはないということである。

　会話分析やディスコース心理学を実践している人々によって用いられるこ

6章　会話を探究する　103

のような分析のスタイルは、**社会的な活動や実践が、発話や相互作用を通して、その中でどのようにして達成されるのか**、に焦点をあてる。上記の例が示しているように、一見平凡に見える、とるに足りない、素朴な「わかりません」「たぶん」「覚えていません」のような言葉は、参加者のためにはたらく――それらの言葉は、（他のいろいろなことに加えて）「私が言っていることに責任があると考えないでほしい」と言うのと同じはたらきをすることができる。そしてこのはたらきは、個人の性格、パーソナリティ、心理に結びつけられてはいない。確かに、ある人々は他の人々よりもより多くこのような言葉を使うかもしれないが、このような特定の文脈において、これらの言葉の使用を通して生じる社会的行為は、人々の個人的特徴から大いに独立している。

そこで会話を検討する一つの方法は、私たちが社会生活で行っている、当たり前の、見られていても気づかれないような方法に対して、疑いを持って見ることである。その目的は、人々の行為や相互作用に対する綿密で詳細な観察を通して、豊かな層をなす社会生活の実践を描くことである。このような観察の中心的なソースは、「自然発生的」な発話と、相互作用を記録することである。

発話におけるありふれた瞬間の探究

発話を分析するためのいくつかの方法について探究するために、もう一つの、どちらかと言うと「些細な」、日常的な発話の瞬間に焦点をあててみよう。

抜粋6.3 （Maynard, 1991, p.461）

1 ジョン： それでキャンパスの自転車についてどう思う？
2 ジュディ： あれはひどいと思うわ。
3 ジョン： 確かに、100万台はあるよね。
4 ジュディ： ええ。

一見するとこれは、それほどおもしろく見えないかもしれない。しかし、ジョンがキャンパスでの自転車についての考えをどのように示そうとしてい

るかに注目してほしい。彼はそのことについてどう思っているかをただジュディに話すのではなく、ジュディに（1）の質問をしている。つまりジョンはジュディに、自転車についての意見や考えを述べるように**誘っている**。それからジュディは「あれはひどい」（2）と思うと**返事をする**。そしてそれからやっと、ジョンは彼の**見解**を述べている。

　そもそも、なぜこれが私たちにとって興味深いのだろうか。ここには、かなりすばらしいはたらきがある。この2人は、私たちすべてが習慣的に行っている何かを能動的に行っている。彼らの発話の始まりの部分を、次のように再現することができる。

　　　ジョンは1つのトピックについて語るようジュディを誘う（1）
　　　ジュディはそのトピックについて話す（2）
　　　ジョンはそれから同じトピックに対する彼の見解を述べ、その見解はジュディの意見としっかりと合致する（3）

　さて、想像を大きく飛躍させなくても、私たち皆が同じようにする瞬間について考えることができる。たとえば、映画館や講義室を出るときについて考えてみよう。よくあるのは、公然と「この映画ひどいね」と言うよりも、一緒にいる人に「どう思った？」と尋ね、彼が「すばらしいと思った」と言えば、「始まりは良かったけど、その他はかなり退屈だった」と、彼らの言ったことに自身の応答を「適合」させるかもしれない。

　メイナード（Maynard, 1991）が見解 – 表示シークエンス（perspective-display sequence）と呼ぶこの発話の方法は、ものごとを**注意深く行う**すばらしい方法になり得る。相手が同意するか否かがわからないまま「率直に」ただ自分の意見を提示するよりもむしろ、**事前に他者の意見を聞いておけば**、彼らが言ったことを自分の言うことに結びつけることができるため、自分の意見を「ふさわしい雰囲気」（Maynard, 1991, p.460）の中で言うことができる。

　これは、会話を分析する方法の一つの例であり、彼らは、話し手たちがどのように相互作用するかに注目する。非常に多くの研究が、物語ること、意見が合わないこと、答えること、等々の毎日の相互作用がどのようにして、ローカルに、協働的に生み出されるかという、ヘリテイジ（Heritage, 1977）

6章　会話を探究する　｜　105

が「相互作用の社会制度」（p.162. 筆者の強調）と呼ぶものに焦点をあててきた。また多くの研究が、法律、心理学、家族、教育といった特定の制度や、証言、生活の質のアセスメント、家族の食事、授業のような制度的行為が、どのようにしてローカルに、また協働的に生産されるかという、「相互作用における社会的制度の管理」（同上）にも焦点をあててきた。また、ディスコース心理学者は、感情、記憶、態度のような一見心理学的な概念が、深く社会的なことがらであって、個人の認知に埋め込まれただけのものというよりも、行為や相互作用を通してローカルに、協働的に、どのように生み出されるのか、といった点に焦点をあてている。

病院での診断に関する相互作用的管理

メイナードは、医者が「悪い」診断を伝えるときに、上記の抜粋 6.3 で見た見解－表示シークエンスがどのように生じ得るかを示している。彼は、親に子どもの健康状態に関する診断を伝える、いくつかの医師との面談場面を記録した。

抜粋 6.4　（Maynard, 1992, p339. トランスクリプトを簡略化）

1　医師：　ボビーはどうしていますか。
2　母親：　そうですね、彼はとてもうまくやっています、
3　　　　　特に学校では。私は先生に
4　　　　　ドクターが特別学級に入った方がいいかもしれないと
5　　　　　私におっしゃられたことを説明しました。その点について
6　　　　　私には確信がありませんけど。そして先生は言う、えっと、先生
7　　　　　の意見を聞いてみたんです、すると彼は、
8　　　　　学校でかなりうまくやっているって、つまり
9　　　　　えっと、先生が生徒に言うことにはなんでも対応できてるって
10　　　　　先生は言っています。今先生は、彼は
11　　　　　別の学校に送られる必要はないって考えています。
12　医師：　その先生は、彼は送られる必要があるとは、
13　　　　　思っていないのですね。

106

14	母親：	ええ、彼は少しだけ、わかってきているみたいなんです
15		ね、申し上げたように。私－私－私わかってるんです、
16		彼に必要なことは、ほら、私は先生に説明したんです。
17		あの、確かに、私わかっているんです、
18		彼には何か特別なクラスか何かが必要だと、ね。
19	医師：	うーん。彼の問題はなんだと思っていますか？
20	母親：	話すことです。
21	医師：	そう、そう。彼の一番の問題はね、
22		言語の問題です。
23	母親：	そう、言語。

　この母親の子どもであるボビーが「どうしているか」について、医師はオープンクエスチョンで尋ねている (1)。それに対して彼女は彼が「とてもうまくやっている」(2) と答え、続けてボビーの先生が言っていたこと (6-11) に触れて、うまくやっていることに対する証拠を話し続ける。それから医師は母親の発話の一部を繰り返す (12-13)。医師の発話に答える過程で、彼女は自分の意見——「確かに、彼には何か特別なクラスか何かが必要だ」——を言う (17-18)。それから医師は別の質問をし、母親がボビーの「問題」として考えていることについて話すよう**求める**(19)。彼女はそれが「話すこと」だと**答える**(20)。そのときに、そしてそのときになってやっと、医師は自分の**見解**を述べる。彼は母親の理解に「そう、そう」と同意し (21)、それから問題を「言語の問題」として再定式化する (22)。彼女はこれに同意し、医師の用語に沿う形で問題の説明を定式化する (23)。話の最初に彼の見解を単に提供するのではなく、医師は自分の見解を示すのを遅らせる。最初、この母親は息子についての「良い」知らせだけを提示する。彼女はそれから、若干の「悪い」知らせを口にし、医師が詳しく述べるよう求め、彼女はそれに応じる。注目すべきは、「悪い」知らせに関して語るに「ふさわしい雰囲気」が展開されてはじめて、医師がどのように「悪い」診断の知らせを伝えたか、である。さらに彼は、「悪い」診断の知らせを母が既に知っていることの**確認**として提示している。メイナードが述べるように、「悪い」診断の知らせを伝えるにあたって、医師は親の見方も巻き込み、または確認するために、見解－表示シークエ

6章　会話を探究する　｜　107

ンスを利用することができる。このようにして親は、「既に子どもの状態についていくらかの知識を持っている」者として産出され、「良い」親は自分の子どもの専門家で当然あるべきである。興味深いことに、医師は親自身の考えを確認し、その後で親の考えに対する対案を提示しようとするときにも、この見解－表示シークエンスを利用することがある。

メイナードの研究はまた、会話分析家やディスコース心理学者が用いる方法の一つについて、あることを示している。私たちは、相互作用の特定の瞬間がどのように起こったかについての詳細を探究するために、発話の一つのエピソードに焦点をあてることができる。発話の「組織化された」方法であるかもしれないと考えられる、興味深い何かに気づく。それから、別の例を発見することができるかどうかを見るために、異なる設定や異なる話し手間の**別の例を探しに行く**。こうすることで、この発話の組織化された方法が、人々が毎日の生活の一部として行う何かである —— 私たちが日常的に交流する方法の一部である —— という**事例の構築**を試みるのである。

社会生活の習慣的組織化

上に挙げたすべての抜粋について、さらに観察をすることでき、人々が会話を分析するときに焦点をあてるいくつかの重要な特徴へと導く。

発話ターン交代の組織化

注目すべきことの一つは、上記に挙げた抜粋におけるすべての話し手が、どのように**発話におけるターン交代**を行っているかということである。友人と話すときについて考えてみれば、発話は、あなたが話し、次に彼らが話し、あなた、彼ら、のようなしかたで流れることが多いだろう。そしてこういう交代は、一つの言葉、音、あるいはジェスチャー（肩をすくめるなど）から発話の長い広がりにまで及ぶことができる。そのとき、このような秩序だったやり方を通してしか話せないわけでも、「常に」そうしているわけでもない。発話の腰が折られたり競合したりする、あらゆる瞬間について考えなければならない。

しかし概して、これは発話の日常的な特徴である。

　場面によっては、交代は**事前に割り当てられ組織化されている**。法廷を例にとってみれば、そこでは１回の法廷において、特定の個人のみが特定の時間に話をすることができる。法廷においては、誰が「規則に反し」、誰が「法廷侮辱罪」にあたるかを裁判官が決定し、「質問に答える」人たちを指示する。話す権利を割り当てられていない人々は、法廷のすべての時間、審判の静かな目撃者でなければならない。このように振る舞わないならば、法廷から追い出されるかもしれないし、あるいは投獄されるかもしれない。抜粋 6.2 において、弁護士の質問の後の休止がどのようにして証言者の休止として聴こえるかに注目してほしい。文脈を考慮すれば、彼女はたとえば陪審員に対し沈黙を終わらせる責任がある。そして、証人が話すことに「失敗」したときに、弁護士は２つ質問した後で、先立つ質問に対し答えるよう促しているのを見ることができる。しかしながら、たいていの制度における社会的組織化（医療であれ、ジェンダーであれ、人間関係であれ）は、関与している人々の権利と責任が厳格に固定されていたり、監視されていたりするわけではない。

　加えて興味深く注目すべきことは、発話ターン交代の組織化によって、どのように特定の権利と責任が作り上げられるか、である。順番が厳格に前もって割り当てられていないとき、たとえばコーヒーを飲みながら友だちとおしゃべりしているとき、いつが自分の順番であるか、決して明確ではない。彼らの質問に対する答えを提示するよう求められるときかもしれないし、自分は加わっていないが彼らが話し合っている写真にいいねと言うときかもしれないが、**あなたは聴く必要があり、その瞬間にいる必要がある**。それに対する答えや「わぁ」という反応をするタイミングを知るためには、聴く必要がある。もしそこに参与していなければ責任が生じ、「ごめん、うっかりしてた」とか、「ごめん、何だっけ？」と言って、違反の可能性を償うようにしなければならない。このようにして、発話ターン交代のシステムは、**その瞬間を強調し、発話者が理解したことを表明する**強力な方法を提供する。そこで、友人の「元気？」という発言に対して「元気だよ」と応答することによって、あなたは彼らの発言を質問として、また、それがあなたに向けられたものとして理解したことを明示することができる。もし友人がそのとき「実際にはジムに聞いたんだけどね」と言えば、質問が自分に向けられたものではないと理解し、潜在的に説明責任が生じる。

6章　会話を探究する　｜　109

シークエンスの組織化とターン交代のデザイン

　上記のすべての抜粋において、話し手の特定の行為がシークエンスにおいてどのように組織化されるかに焦点をあてることもできる。この研究スタイルが、一つの文もしくは発話にのみ焦点をあてることは**決してなく**、**特定の行為**（発話もしくはジェスチャーの交代）が、**進行中の行為のシークエンスの中にどのように埋め込まれ、出現し、理解されるのか**、に焦点をあてる点を理解することがきわめて重要である。この点について、次のように考えることができる。すなわち、私たちの行為は事前の行為によって形成され、かつ、その後に続く行為を形成するのである。

　抜粋 6.3 における発話が、メイナードが見解−表示シークエンスと呼ぶものをどのように例示しているかについては既に概説した。もう一つのきわめて習慣的に使用されるシークエンスは、あなたが質問して誰かが答えるという質問−回答シークエンスである。シークエンスは、最初の行為が与えられると、ある特定の行為を次にふさわしいものにするといった、行為の特定のコースを生み出す。それで質問をしたならば、一般にその質問に対する回答を期待する。一度それに対する回答を受け取れば、異なるトピックについて別の質問をして新しいシークエンスを始めることもできるし、その回答を追いかけシークエンスをさらに広げることもできる。

　同様に注目すべき重要なことは、**ターン交代がシークエンスの中でどのようにデザインされているか**、である。抜粋 6.4 において、医師は 1 で質問し、母親は 2 から 11 で答えている。彼女はありきたりな回答はしなかった。彼女は「そうですね、彼は、とてもうまくやっています、特に学校では」(2-3) と言い、それだけにとどめることもできたが、実際にはかなり詳細に答えている。彼女は医師が前に提案したことについて、ボビーの先生に尋ねたことを医師に話す。これは**潜在的な**、この医師への批判として聞くことができる（もしかすると、彼女は彼を少しも信頼していないのだろうか）。潜在的な批判として聞こえるのを和らげるために、彼女は「先生の意見を聞いて」みるためにのみ尋ねたと指摘するが (6-7)、これは良識ある母親なら誰でも行うだろうことである。交代がどのようにデザインされているかの感覚を得るためには、**発話をするた**

めにデザインされた行為と、その行為をするために選択された手段に焦点をあてるべきである（Drew & Heritage, 1992）。このケースでは、ボビーは別の学校へ行くべきだという医師の事前のアドバイスに対しあからさまに反論することなく、ボビーが現在の学校でうまくやっていることを示すために、2-11での母親の発言がどのようにデザインされているかを見ることができる。彼女はボビーの先生と行った会話の詳細を説明することでこの行為を実行し、それは、医師が正しくないかもしれないことを示唆しているのは彼女ではなく、先生をそのポジションに置くようにはたらいている。

医師は、教師の反応に対する母親の物語を踏襲して、彼女の前の発話12-13行目を繰り返し、そうすることで教師の見解に暗黙に疑問を投げる。母親の14-18行がどのようにデザインされているかを見るために、以下に関連する発話の部分を再現する。

抜粋 6.4.1　（抜粋 6.4 の一部）

12　**医師**：　彼は送られる必要があるとは、
13　　　　　　思っていないのですね。
14　**母親**：　ええ、彼は少しだけ、わかってきているみたいなんです
15　　　　　　ね、申し上げたように、私－私－私わかってるんです、
16　　　　　　彼に必要なことは、ほら、私は先生に説明したんです。
17　　　　　　あの、確かに、私わかっているんです、
18　　　　　　彼には何か特別なクラスか何かが必要だと、ね。

彼女が「ええ、彼は少しだけ、わかってきているみたいなんです」（14）と言ったとき、母親は医師の質問に答えている。後に続くことが、1における医師の最初の質問と、12-13の彼の理解の確認への、両方への応答としてはたらく。彼女は「私－私－私わかってるんです、彼に必要なことは」（15-16）と言うことによってこれを始め、そしてそれまでの彼女の発話の流れを破る。この後に続く発話を考慮すれば、彼女は「特別なクラスか何か」のようなことを言おうとしていたと十分推測することができる。しかし、実際に彼女が行ったことは、もっとずっと巧妙なことである。最初に彼女は「私は先生に説明した

6章　会話を探究する│111

んです」(16) と明かし、特別な場面を作り出す。すなわち、この後に続くことについては、彼女がその先生に話したときに実際に彼女が言ったこととして聞かれるべきである。彼女が先生に話したことは「ボビーにはクラスが必要だと私はわかっている」ではなく、「確かに、私わかっているんです、彼には**何か**特別なクラスか何かが必要だと、ね」(17-18) という、もっと明確なものである。彼女の答えは、先生と違って彼女はボビーには何らかの援助が必要であるということを認識しており、彼女は医師の見方の側にいることを示すという行為を見事に成し遂げている。

語彙の選択、カテゴリーと認識のワーク

分析家が注目するもう一つの特徴は、人々が発話をするときにまさにいずれの言葉を使用するかということである。前の章で述べたように、また、上記の抜粋に関するすべての議論が示すように、同じ人、同じ行為、同じ場面を詳述するためには多数の可能な方法があることを考えると、他の言葉でなく(まさに)その言葉を使うことがどのようなはたらきをするかを考える必要がある。上記の抜粋 6.2 のレイプ裁判のトランスクリプトに焦点をあてれば、これがいかに深く、重大な問題であるか理解することができる。裁判それ自体は出来事について争われたものであり、「レイプ」なのか、あるいは「合意の上のセックス」として描写され得る出来事なのかをめぐるものである。そして抜粋 6.2 には、以下の言葉を含め、さまざまな対照的な描写を見ることができる。

- 頼む／言った
- 会話／話

この両方の例について、第一のバージョンは弁護士のもの(頼む、会話)であり、第二のバージョンは証人のものである。証人のバージョンのどちらの語もあまり具体的でなく、より一般的な表現である。以下の違いについて考えてほしい。

- あの夜に彼が私に何と**頼んだ**のか、私は覚えていません。

・あの夜に彼が私に何と言ったのか、私は覚えていません。

　最初のバージョンは、彼らの発話の何らかの特徴を潜在的に覚えているものとして彼女を位置づけている。すなわち、彼女は彼が頼んだことについて覚えていないかもしれないが、おそらく彼女は、2人が話したことについて他の何らかのことを覚えているだろう。第二のバージョンは、彼女が実際に弁護士の質問に答えたもので、自分たちが話したことについてどのような細部も思い出すことができない、と言うために機能する。

　これと並んで、人々が用いるカテゴリー（たとえば少女、教師、母親）や、**成員カテゴリー化装置**（membership categorization device）と呼ばれる同類のカテゴリーの集まり（たとえば、教師は「職業」の集合の一部である）に焦点を合わせることもできる。また、ある行為が特定のカテゴリーにいかに結びつけられているかに着目するために、カテゴリーと結合した活動、述語、権利や責任に焦点を合わせることもできる（たとえば、「彼には何か特別なクラスか何かが必要」は、特別教育が必要な子ども、というカテゴリーと結びついている）。関連して、誰が知識を「持っているか」について考えることもできる。知識は等しく分配されているわけではないので、知識の特定の要素への話し手のアクセスには違いがあり得る。また、**認識論的地位**に目を向けることもでき、たとえば、教師は子どもの親たちと比較して、教育上の知識へのアクセスを多く持ち、一方、親は子どもの習慣や経験に関する経験的知識を持っている。これは、**認識論的姿勢**、つまり瞬間瞬間に、そうした知識への向かい方をどのように示すかに関わっている。この点については、ボビーの母親がいかに教師の知識を価値下げして述べ、診断と治療に関する知識の専門家としての医師の認識論的地位に沿うように、代わりの見方をとったかという場面について見た。

構造的な組織化

　「構造」の組織化とは、**発話のたどる幅広い経路がどのように組織化されているか**、を言う。たとえば、あなたが友人と電話で会話をしているときのことを考えてみれば、しばしば、以下に示すシークエンスの構造を経験しているだろう。

- オープニング――あなたはもしもしと言って、誰が発話をしているか、そして話をしたい相手なのかどうかを見極めなければならない。
- 電話した理由――おしゃべりの理由を導入する。たとえば、「ずっと話していなかったから電話しようと思ったんだ」、「ティムのこと聞いた？」
- 電話した理由のトピックに関する議論――それはしばらくの間続くかもしれないし、続かないかもしれない。
- 新しいトピックの出現――起こることも起こらないこともある。
- 新しいトピックについての議論。
- 終結――さよならを言う。

　ここでも、友人との電話での会話のすべてがこのように運ぶわけではないが、この種の経路は私たちに馴染みのあるものであり、新たな電話のたびにこのように運んだり、これとは違ったりする。電話を終わらせるのが本当に難しい友人もおり、あなたが「またね」と言っても会話を再開させようとするので、何らかの解決法を編み出していることだろう。

　そこで、ひとつながりの発話がどのようにローカルに協働的に生み出されるかについて分析を始めるとき、概説してきたこれらの特徴に焦点を合わせると、話し手が常日頃行っているやり方の感覚を得るのに役立つかもしれない。人々の会話をふと耳にするとき、私も参加している会話が展開するのを傍らで聴いているとき、私はいつも、私たちが他者と交流する際に行うこの種のはたらきに魅了されていることに気づく。上述の発話に関するいくつかの特徴がどのようにあなた自身の経験や記録に関係してはたらいているかを考えてみるだけでも、特定の相互作用が「実現する」方法により**敏感**になることができるだろう。焦点をあてた上記のリストは、研究トピックに携わるときに従うべきレシピとして読まれるべきではない。むしろ、収集した会話を分析するときに焦点をあてたいことごとへの、いくつかのアクセスポイントを提供すべく述べた点を強調する必要がある。

　私はここで、また異なる2つの社会生活における習慣的組織化に焦点をあてよう。それは、合意と不合意の組織化と、そして物語ることの特徴である。この両方に焦点をあて、それぞれのトピック自体を探索すると同時に、データを

示して、議論を構築するための2つの対照的な方法を示す。そのうちの一つはより専門的に見え、多くの事例や抜粋を集めることに大きく頼っているが、それに対しもう一方は、一つの抜粋だけに焦点をあてている。

物語ることの一側面に関する観察

　下記は少し長いが、サックス（Sacks, 1995）の研究からの抜粋である。発話はポーシャが最近訪れた家について、アグネスが尋ねるところから始まる。

> アグネス：　えっ、スイミングプールがあるなんて、まるで夢のようじゃ
> 　　　　　　ない？
> ポーシャ：　はは！　私たち、日曜日の夜2時まで裸で泳いだのよ。

　この「はは！」が行っていることや、多くの「はは！」が行っていることは、次のようなことであると考える。すなわち、何かを報告しようとしていて、そのことに対する話し手の態度を聞き手は知っているべきだと、話し手は考えている。報告されているこの種のイベントは、それが何か恐ろしいことなのか、恥ずかしいことなのか、深刻なことなのか、深刻でないことなのかなどに関し、とりわけ曖昧であり得る。そして、話し手がそれがどちらであると思っているかを受け手に知らせて、話し手の関わりを受け手が理解するように導く方法がいろいろある。たとえば、裸で泳いだことの報告において、それを報告する前に「はは！」を用いることによって、彼女は「私は軽く考えています」と言っている。それがわいせつな出来事として解釈されかねない場面で、何か陽気なこととして扱われる。それはおもしろかった、それはそういったたぐいのことだったと受け手に知らせる、あるいはそう信じるようにすることが、おそらく話し手にとって重要なことであった。(Sacks, 1995, Spring, 1970, 7: 275)

　この会話とそれに続く分析は、物語の早い段階に置かれた一つの発言が、**両方の話し手にとっていかに多くのことをしているか**、を明確に示している。
　今、この会話のシークエンスにおいて、ポーシャはある報告を生み出してい

る。報告された出来事は「とりわけ曖昧」であり得るが、ポーシャはアグネスに自分の考えをどう聞くかを「導く」ために行っていることを、サックスがどのように示しているかに注目してほしい。このように、「はは！」は、ポーシャにとって多くのはたらきをしている。

- 「はは！」によって報告が、わいせつなこと、恥ずかしいこと等ではなく、何かおもしろいこととして、どのように聞かれるかを「**定め**」、「**導く**」。それは、後に続く発話を、特定の種類の発話として生み出す。加えて、彼女の発話を「話すに足る物語」として産出する。
- 次に続く発話が「笑えるもの」として受け取られるようにすることは、優先的反応が発話を笑えるものとして聞くことだということを適切なものにする。発話が終了したと認識したら、優先されるのはアグネスが「笑えること」として聞こえるような何かを生み出すことである。
- 発話が「笑える話」となるようにすることで、ポーシャは後に続く発話に関する特定のアイデンティティを構築した。彼女は「裸での水泳が問題ないと思っている者」としての自分を作り出した。しかし彼女が、この特定の瞬間に特定の話し手に対して、これを問題がないものとして生み出したことに注目してほしい。すなわち、そのこと自体が問題のないものとして生み出されているわけではない。そういうものとして、この前置きの語りは、その他の可能なアイデンティティとの関連を明確に否定するようはたらくのである。

そしてこのような前振りの行為を非常に興味深くするのは、その「単純さ」であり、このケースの場合、それは一つの笑いがそのしるしであった。そしてサックスの観察はとても単純なものでありながら、私には説得力がある。彼の論拠の強さは、このような事例の全部を提供するのではなく、むしろ、**この事例のみを詳細に探究する**ことにある。このケースのみについての彼の観察は、相互作用における他の瞬間にも拡張できるものである。言っていることをどのように聞いたり理解したりすればいいのかという文脈上の情報を——笑い、ジェスチャー、言葉を通じて——人々が他者に提供する方法について、容易に考えることができる。

拒絶と反対の社会的制度についての観察

招待、申し出、要求、提案など、人々が受け入れたり拒絶したりする発話の事例（Davidson, 1984; Drew, 1984）や、アセスメントについての同意または反発の発話に関する多くの事例（Pomerantz, 1984）を収集する研究がかなりなされてきた。それらは、英米の発話における受け入れと拒絶、同意と反対を人々が行う習慣的な方法について記録してきた。はじめに、同意や受け入れのいくつかの例に焦点をあててみよう。

抜粋 6.5 （Davidson, 1984, p.116. トランスクリプトを簡略化）

A： 手伝ってくれ 　[る
B： 　　　　　　　　[もちろん

抜粋 6.6 （Pomerantz, 1984, p.60）

J： 本当に澄んだ湖だよね
R： すばらしいよ

ここで見られるように、受け入れ（抜粋 6.5）と同意（抜粋 6.6）はいつも直ちになされ、発話にズレがなく（時には他の話し手の発話と重なり）、比較的「率直で」、単純で直接的である。これを、しばしば拒絶や反対が生みされる方法と比較してみよう。

抜粋 6.7 （Pomerantz, 1984, p.101）

B： ランチ食べに来ない？
　　ビールとかあるよ
A： ほんとにうれしい、ありがとう、うーんでも - ＝
B： [何かあるの？

6章　会話を探究する | 117

```
A：［えーと -
B：　あぁ、ビルのお母さんに電話をしなくちゃいけないんだ
```

抜粋 6.8 　（Heritage, 1984, p.271）

```
((Sの奥さんがちょうど椎間板ヘルニアになったところである))
H：　私たちに何か手伝えることがないかなと思っていたんだけど
S：［うーん、そう
H：［うーんと、彼女のために買い物とかそういうことできない？
　　　(0.7)
S：　ヘザートン、親切にどうも.hhh
　　今のところいいよ。まだ家に男の子たちがいるのでね。
```

　この違いは明らかである。拒絶や反対には通常、次のいくつかの行為の組み合わせが伴う。

- **遅延**——応答の前のズレまたは応答の中でのズレ、回答する前の遅れ。
- **ためらい**——「うー」「あー」のようなものや、息を吸う、吐くなど。
- **前置き**——「ええと」や「うーん」のようなもの、「そう」のような同意のしるし。
- **緩和**——謝罪と感謝。
- **弁明**——弁解、説明、正当化、言い訳。

　興味深いことに、私たちは決して明確にそう言うことなく「ノー」と言っていることがよくあり、そして話の受け手は声に出して言うのを聞くことなく「ノー」と言っているものと理解する。

　研究者たちは、人々がどのようにして、実際にそれが生み出される前に、潜在的な、またはやがて来る拒絶や反対に「気づく」ことができるかについて記してきた。たとえば、抜粋 6.9 において、話し手の Z がどのように誘いを魅力的なものにしようとしているかに注目してみよう。

> **抜粋 6.9**　（Davidson, 1984 p.105. トランスクリプトを簡略化）
>
> Z：　降りておいでよ、＝大丈夫だから
>
> 　　　(0.2)
>
> Z：　いろいろあるよ、＝ビールやいろいろ

　わずかな休止（約10分の2秒）の後、Zは自分たちの誘いを「ビールやいろいろ」の提供という「誘惑」によってアップグレードしている。この場合、Zはこの休止を潜在的な拒絶と捉え、発話の相手（と私たち）に対し、そのような意味で受け取ったということを示している。上の抜粋6.7でも、これと同様のはたらきをみた。Aの「ほんとにうれしい、ありがとう、うーんでも-＝」という感謝のコメントのすぐ後に、Bは「何かあるの？」と尋ねている。Bの質問は、Aの発話を招待の拒否の前触れとして聞いたことを表している。このように私たちは、他者の発話の微細な相違をモニターすることができる。

　このような発話事例の**詳細な比較分析**を通して、会話分析家は、同意／受け入れと反対／拒絶がどのように日常的に行われているかの概要を描き出してきた。これは、皆がすべてロボットのように振る舞い、人々がこのようにする唯一の方法であると言っているのではなく、社交的な活動を行うとき、私たちは日常的に、この特定の規範的な相互作用の秩序に従ったり反したりするということである。すぐさま、ただ「ノー」と言うことが、話し手をぶっきらぼうで非礼な者とすることもあり、特定のトピックに心底からの意見を持っている者とすることもあり、またいたずら好きな者とすることもあるので、それらに向かい得るさまざまな方法について考えねばならない。また、すぐさまただ「ノー」と言うことが望ましい応答になる場合もあって、たとえば誰かが「私の新しいヘアスタイルが全然似合っていない」と自己評価して言うときなどである。

　これら2つの選択肢、しかし同等ではない行為の道筋（直接的で簡素な優先反応と、遅れ、いろいろと修飾される非優先反応）は、会話分析家が**優先構造**として記述しているものである。この「優先構造」の概念は、個々の話し手の内面の心理的または主観的な経験に言及するものではない。むしろ、さまざまな**行為、文脈、状況**において、一般的に話し手が用いる体系的な方法の

一つを記述するものであり、発話や相互作用の社会的制度を組織化するようはたらくものである。

だから何なのか？

　拒絶や受容がどのように相互作用的に履行されるかを読んできて、だから何なのかと自問したかもしれない。一部の人たちにとってその答えは、それ自体が興味深いからである。他の人たちには、これでは十分な答えとならないかもしれない。人々がするだろうこと、あるいはすべきことを想像するのではなく、**実際に行うこと**に詳細に焦点をあてることから得られる潜在的洞察を示しているいくつかの研究の例を、手短に紹介しよう。

　キッツィンガーとファース（Kitzinger & Firth, 1999）は、イギリス系アメリカ人の相互作用には「間接的に拒絶を行うための、組織化された規範的方法」（1999, p.310）があるという観察を取り上げ、**この観察を非常に深刻に受け止め**た。彼らは、多くのデートレイプの予防プログラムにおいて提唱されてきた「拒絶スキル」トレーニングを疑問視することから始めた。これまで概説してきたように、私たちは日常生活の一部として、必ずしも声に出して「ノー」と言う必要なしに、人々が「ノー」と言うことを日常的に理解し、そのように方向づけてきた。キッツィンガーとファースは、以下のように述べている。

　　　デートレイプ予防（そしてその他の拒絶スキル）の教育者が「ノー」と言うことの重要性を主張することは、女性が慣習的な社会的エチケットを破る、会話上の異常な行為をすることを要求するものであり、逆効果である。そしてもし女性が実際に「ノー」と（正しい声のトーンで、正しいボディランゲージとともに、適切なタイミングで）言わなければ、女性はセックスを拒絶したことにならない、という主張に、レイプ加害者が固執することを許すことになる。（Kitzinger & Firth, 1999, p.310）

　彼らが述べるように、男性にとって、女性が実際に「ノー」と言わなかったからと主張することは、彼女がセックスを拒絶していたと「わからなかっ

た」もしくは「そうかどうかはっきりしなかった」ということであり、彼は社会的に無知で相互作用上の能力が無いということになる。これは、これらの男性が文化的間抜けである、もしくは単に女性のコミュニケーションのしかたを知らない、ということではない。むしろ、これらの男性たちは、セックスを拒絶されることを好まないのである。著者たちが指摘するように、「性的強要の問題は、女性の話し方を変えることによっては改善され得ない」のである（Kitzinger & Firth, 1999, p.311）。

まとめ

　このようなきめの細かい分析を行っているときは、常に発話と相互作用の生のはたらきを描写することに没頭している。このような分析を行うことで、社会の通常のメンバーでいるためのワークは、言葉に表されない当たり前の知識や実践の集合体から作り上げられているということを示していくことができる。このようなアプローチはしばしば、私たち皆が既に「一目瞭然」であることについての控えめな、描写的な主張を生み出すものであり、誰もが行うというものではない。これらのタイプの研究から学べることは、発話は単に社会生活の「些細な」媒介物ではなく、私たちは発話や相互作用を通じて社会生活を経験し、生み出し、維持するということである。サックスは次のように述べている。

　　発話のすべての瞬間において、人々は彼らの文化、彼らの役割、彼らのパーソナリティを経験し、生み出している … あなたも私も、発話の人生を生き、社会的秩序の中の、舌を持つ生物として、動機づけられた話し手として聞き手として、社会的世界を経験する。各々が自身の満ちあふれる喜びと痛みとともに。それぞれのパーソナルスタイルの違いに誇りをもって。（Moerman, 1988, p.xi から引用）

6章　会話を探究する　｜　121

■■■ キーポイント

- 会話分析やディスコース心理学を実践する人々は、しばしば、社会的な行為や実践が発話や相互作用を通してどのように達成されるかに焦点をあてる。
- 彼らは、以下のような相互作用の特徴に焦点をあてることが多い。発話において、発話者はどのように交代するか、発話はどのように直前の行為によって形成され、後続する行為を形成するか、発話は特定の行為をするためにどのようにデザインされるか、人々はどのような言葉を使うか、発話のたどるより広い経路はどのように組織化されるか、等々。
- 発話の1事例についての詳細な分析が行われることもある。また、似たような発話の例を集め比較し、さまざまな行為や文脈、状況にわたる一般的な体系的方法、発話と相互作用の社会的制度を組織化するはたらきを取り出すこともある。

さらに学ぶために

以下では、この章で議論した分析スタイルについて、さらに情報を得ることができる。

Sidnell, J. (2010) *Conversation Analysis: An Introduction*. Oxford: Blackwell‐Wiley.

ten Have, P. (2007) *Doing Conversation Analysis: A Practical Guide*, 2nd ed. London: Sage.

Wiggins, S. & Potter, J. (2008) 'Discursive psychology', in C. Willig & W. Holloway (eds), *The SAGE Handbook of Qualitative Research in Psychology*. London: Sage, pp. 73‐90.

訳者補遺

ヘリテッジ, J.・メイナード, D（編著）／川島理恵・樫田美雄・岡田光弘・黒嶋智美（訳）(2015)『診療場面のコミュニケーション —— 会話分析からわかること』勁草書房［Heritage, J. & Maynard, D. W. (2006) *Communication in medical care*. Cambridge: Cambridge University Press の抄訳］

串田秀也・平本毅・林誠 (2017)『会話分析入門』勁草書房

高木智世・細田由利・森田笑 (2016)『会話分析の基礎』ひつじ書房

7章 ドキュメントについての会話、ドキュメントによる会話の探究

> ドキュメントの使用
>
> ケーススタディ —— 精神科の記録はどのように作られたか
>
> ケーススタディ —— レポート結果の読み取りとレポートの知見の報告
>
> ケーススタディ —— 法廷のビデオ記録の理解
>
> まとめ

この章の目標

- ドキュメントとその他の「人でないもの」（ペンやコンピュータ）が、どのように連係し、人々の行為や相互作用を生み出すかを理解する。
- 3つのケーススタディから、発話をどう研究するかに関するこれまでの章の議論について、さらに多くのことを知る。
- 発話の瞬間についての詳細な分析が、社会生活の「大きな」構造と制度について、どのようにして何か言うことができるかを理解する。

　この章では、未だ十分に研究されていない社会生活の領域に焦点をあてる。それは、日々の生活におけるドキュメントやテクストの役割と、私たちが関わるさまざまな制度についてである。日常的に関わりを持たなければならない膨大な量の紙や電子媒体のドキュメントが現代文化においていかに中心的な組織化装置であるかの感覚を得るためには、それらについて考えてみるだけでよい。本章では、どのようにドキュメントやテクストが作り出され、**多様な状況で使われ**、**語られる**かを分析するための、いくつかの方法を簡潔に探究したい。そしてここでは、ドキュメントやテクストに抽象的な方法で焦点を合わせ

123

るのではなく、現場でのローカルで協働的な、ドキュメントとの、またドキュメント上での人々の作業や相互作用に焦点をあてていく。

ドキュメントの使用

「ドキュメント」と「テクスト」について話すとき、私はこれらの用語をそのもっとも広い意味で用い、私たちが日々の生活の中で読み、使い、関わる、あらゆる書かれたドキュメントや視覚的記録に言及するために用いている。たとえば、街のカフェの黒板に書かれたり手のひらサイズのラミネートされた紙に書かれたコーヒーメニューから、電話販売員の手順書、マウスクリックのオプションメニューのあるコンピュータスクリーン、試験を受ける部屋に入る前に必死に再読する手書きのメモまで、さまざまなことを考えている。

　私たちは決して中立的、もしくは抽象的な方法でドキュメントに関わるのではなく、常に特定のローカルな文脈において関わりを持つ。ドキュメントは常に特定の方法で、特定の作業をするために、読まれ、使われる。たとえば、もしこのドキュメントについて考えるならば、以下のようなリサーチクエスチョンを問うことができるだろう。

- この瞬間に、どのようにこのドキュメントを読んでいるか？
- 別の紙にメモをとっているか？
- そのメモはどのようにこのテクストに関連し、テクストを変形しているか？
- これはコピーか、コンピュータのスクリーンか、それとも本か？
- 誰かに声に出してそのセクションを読むか？
- 読み上げるセクションをどのように紹介し、終えるか？
- これをどこで読んでいるか？
- 図書館で読んでいるか？
- 友人と一緒に？
- ゼミで？

そして、ドキュメントの使用について考えるときは、目の前の「いまここでの文脈」、すなわち現時点の設定、人々、進行している状況についての質問に焦点をあてるべきである。

他者のドキュメント使用についての研究を行う場合には、このような質問に対して、観察と、参加者への公式／非公式なインタビューによるその文脈に関する何らかのエスノグラフィー上の知識と、ビデオまたは音声による記録をもとに答えるしかない。また、その特定のドキュメントが、場所から場所へと、または人から人へと動く場合、それを追うことが必要かもしれない。加えて、異なる状況での異なる課題においてどのように中心的であるかを問うことが必要かもしれない。たとえば、私が持っている、かなりわかりにくい専門書について考えるなら、ティムとその本との歴史について、つまり、私がこの本を所有する中で、また、そのことを通して生み出されたたぐいの行為や相互作用について考えてみることは興味深い。この本に関して生まれたいくつかの出会いがあり、それにはこの本が関係していた。

- カフェに座って、この本がいかにわかりにくい学術的な言葉で書かれているかを友人たちに説明するために、私はこの本をめくって特定の節を読み上げた。それは彼らを笑わせ、「社会科学」の本と「科学」の本が書かれる異なる目的に関する議論を引き起こした。
- カフェのテラスに座っているとき、主要な社会理論家たちの相違点と類似点についての会話の途中で、私が興味を持って追究しているタイプの学術的な仕事と、それが他のタイプの理論と異なる理由について例証するために、私はその本の一節を読み上げた。
- 街中を散歩しているとき、なぜその本を読むことが有益なのか、どのような種類の思考のスタイルにつながるかについて友人に説明するため、私はそらでその本のある特定のフレーズを引用し、その他のセクションを要約した。
- 友人に会う前の時間潰しにお気に入りのカフェのテラスに座っているとき、私がそれを読んでいると、見知らぬ人が「その本はおもしろいですか？」と尋ねてきた。こうして始まった会話は、私たちが住んでいる都市に住むことがどのようなことであるかについての、長い議論につながった。

7章　ドキュメントについての会話、ドキュメントによる会話の探究 | 125

おわかりのように、これらはすべて同じ本である。そしてこの本は、これらの多様な出会いにおいて話題となり、異なるはたらきの一部となっている。

ドキュメントの使用に焦点をあてることはまた、一部の研究者が「物質文化」または「対象物の社会的生活」と呼ぶものに焦点をあてることを可能にする。それは、本、喘息用吸入器、車椅子といった「モノ」が、どのように私たちの行為や相互作用に埋め込まれ、それらを深く変容させるか、に対する認識を高めることができる。ここでも、このドキュメントについて考えるならば、以下のようなリサーチクエスチョンを問うことができる。

- ペンまたは鉛筆を持ってこれを読んでいるか？
- これをコンピュータ上で読んでいるか？
- 言葉に下線を引いたり、ハイライトづけしているか？
- ペン、鉛筆、ハイライト機能を使うときで、異なった読みをしているか？
- それがコピーであるときと、プリントアウトであるときで、ドキュメントを違う方法で読んだり扱ったりしているか？
- コピーかプリントアウトかが、読みをどのように変えるか？
- そのコピーやプリントアウトは、どのように作られたのか？
- たとえば一部の単語やページが欠けていたり、パソコンにうまく接続できないなどで、コピー機やプリンターに腹が立ったことがあるか？
- そのコピー機やプリンターからベストな結果を得る方法を、どのように学んだか？

このように、あなたを取り巻く人々と状況だけでなく、物質文化と呼ばれるもの（モノ、技術、人工物、作られた環境）に焦点をあてることによって、これらがどのようにして、人々が行うことや言うことの一部となり、また中心的であるかについて見ることができる。この意味で、**ドキュメント**（紙であれコンピュータ上であれ）**と関連する技術**（しおり、ペン、ハイライト機能、コピー機、コンピュータ、プリンター、など）**の両方が、私たちの行為や相互作用をどのように制限し、可能にするか**について見ることができる。とりわけそれらは、私たちとドキュメントとの行為のたどる経路にとって、いつも中心的であ

126

る。ここでも、このようなことを研究するためには、音声やビデオの記録と並んで、何らかのエスノグラフィーにもとづく知識が必要となるだろう。

　最後に、ドキュメントの使用への焦点化は、私たちの行為や相互作用がどのように、**より広い、ローカルを超えた文脈と構造**に埋め込まれており、かつそれらを生み出すか、についての問いを提起することができる。そこで再び、このドキュメントとの関連だけでも、以下のように尋ねることができる。

- このドキュメントは何の課程の一部か？
- いくつかの課程や学科では、質的研究が価値があると見なされ、他ではそうではないのはどのようなわけか？
- 研究の技術について知ることが、理論についての知識よりも重要なものとして国家によって見なされるようになったのは、どのような理由か？
- あなたが、たとえば 15 人のゼミのグループでこれを読んでいるという事実は、大学の助成金の特定の動向を反映しているか？
- なぜ、このドキュメントを読んでいるか？
- 本の裏表紙を読んだか？
- 学術出版のはたらきはどのようなものか？
- 特定の本やトピックがその他のものよりも選ばれ、奨励されるのはどのようなわけか？

　このような質問のスタイルは、観察している直接的ないまここでの行為や相互作用を超えた分析につながるだろう。それは、特定の制度・機関についての歴史や政策、軌跡について書かれた他のドキュメントを集め、学び、調べるよう導くかもしれない。しかし、ここでも、たとえば、ジェンダー、セラピー、教育のような特定の制度が、ドキュメントについて語られたり使用されたりするまさにその瞬間に、どのように（再）生産されるかを示すために、エスノグラフィーのデータや音声・ビデオのデータも使われるだろう。

　いかにしてドキュメントのモノとしての性質や直接の文脈、より広い文脈の特徴を見ることができる研究をすることができるかについて探究していくため、いくつかのバージョンのドキュメントの使用に焦点をあてた事例を、いくつか提示しよう。

7章　ドキュメントについての会話、ドキュメントによる会話の探究 | 127

ケーススタディ —— 精神科の記録はどのように作られたか

　トニー・ハック（Hak, 1992, 1998）は、特定のドキュメントとそれと関連する行為の経路が、どのようにして、ローカルに、時間的に、そして協働的に生み出されるか、に焦点をあてた論文をいくつか書いている。それらの論文の中で彼は、精神科サービスのスタッフとアンナ＝リーズという患者との間の一連の出会いを追跡している。彼のデータセットは、以下のソースから成っている。

1. アンナ＝リーズとの初回インタビューの後で看護師によって作成された精神科事例報告の紙のコピー。
2. アンナ＝リーズとその親への職員による自宅訪問、およびインタビューの音声記録とトランスクリプト。
3. アンナ＝リーズの受け入れの可能性に関する、職員と病院スタッフによる電話協議の音声記録とトランスクリプト。
4. 危機介入センターで実施されたアンナ＝リーズとのインタビューの音声記録と、トランスクリプト。
5. 危機介入センターにおける職員とその同僚との議論の音声記録と、トランスクリプト。
6. 職員によって作成された、2回目の精神科事例報告の紙のコピー。

　ここに見られるように、ハックは、洞察を得ることのできるケースに関するいくつかのドキュメントと、さまざまなインタビューと会話のドキュメントの両方のデータにアクセスできた。そのため彼は、ケースの展開の軌跡を追うことが可能となり、2回目の精神科事例報告がこれらのインタビューや会話、1回目の事例報告とどのように、そしてどの程度、関係しているかを見ることができた。
　彼の論文では、事例報告と、アンナ＝リーズとその家族へのインタビューのトランスクリプトの一部に読者がアクセスできるようにしている。以下に、2回目の事例報告の一部を再現した。

128

クライエントが妄想を持っていることは明白である。彼女は、自分の性的な過去がラジオで暴露されていると妄想している。そして、彼女の父親も、いつも彼女のことを聞いていると思い込んでいる。一方で、彼女は頻繁にさまざまな声を聴く。父親がそこにいないときでさえ、彼女は父親の声を聴くようである。これがどの程度幻聴であるかは、私には明確ではない。（2回目の事例報告：Hak, 1992, p.154）

　ハックはまた、以下のインタビューの一部（フラグメント）を読者がアクセスできるよう提供し、それらを2回目の報告のセクションと並べて置いている。SMが職員で、ALが患者のアンナ＝リーズである。

抜粋 7.1　（Hak, 1992, pp.149-150. トランスクリプトを若干修正）

自宅でのインタビュー	2回目の事例報告
［フラグメント1］	
AL：　私は人生でいつも弄ばれてきたの。	
SM：　誰に？	
AL：　男の子たちよ。	
SM：　それで、どうして国中がそのことを知っているの？	
AL：　だって、放送されているの。	
SM：　どこで放送されている？　ラジオか何かで？	
AL：　そう、あとテレビでも。	
SM：　あなたが弄ばれていることが？	彼女は、自分の性的な過去がラジオで暴露されていると妄想している。
AL：　いいえ、私がベッドを共にした人のことが。	
［フラグメント2］	
AL：　あと、父には2階の私のすべての動きが聞こえているんです	彼女の父親も、いつでも彼女のことを聴いている（と妄想している）。父親がそこにいないときでさえ、彼女は父親の声を聴くようである。
［フラグメント3］	

7章　ドキュメントについての会話、ドキュメントによる会話の探究　129

AL：	突然声を聴いたとき、完全に頭がおかしくなりました	一方で、彼女は頻繁にさまざまな声を聴く。

　ここに見られるように、この非常に短い抜粋でさえ、アンナ＝リーズと職員の発話は、2つ目のドキュメントで変換されている。自身の状況についての彼女の描写は再定式化され、アンナ＝リーズの公式の、実際のバージョンとして再生産される。たとえば、2回目の事例報告で、何が存在し何が存在しないかの両方に注目してほしい。「私は人生でいつも弄ばれてきた」という彼女の描写が、2回目の事例報告（または1回目）には見られない。同様に、彼女にとって、「私がベッドを共にした人」がラジオ「そしてテレビで」放送されているが、「彼女は、自分の性的な過去がラジオで暴露されていると妄想している」へと変換されている。

　ハックが指摘するように、もしこの事例報告にのみアクセスできるとしたなら、この患者がどのように描写されたか、また、事例報告の言語について検討することができるだろうし、このようなドキュメントが事例を作るためにどのように情報を秩序づけるかについて検討することができるだろう。もしこのインタビューにのみアクセスできるとすれば、精神科スタッフがどのように患者と相互作用し、どのような種類の質問が精神科のアセスメントに関わっており、彼らはどのようにこのようなインタビューを組み立て、方向づけるかについて検討することができるだろう。しかし、出会いとドキュメントの全体にアクセスすることができれば、このサービスについてより多くのことを学ぶことができる。出会いが展開していく中で、どのようにアンナ＝リーズが精神科治療の適切な患者として生み出されるか、そしてさらに重要なことは、どのように出会いと事例報告が互いに関連するか、を見ることができる。そうすることによって、精神科における実践、つまり、精神医学がどのように患者の行為を精神科的知見に変換するか、どのように状態を診断するかについての感覚を得ることができる。ハックのアプローチは、精神医学の分野が患者を知り、理解し、分類するいくつかの方法へのアクセスを読者に提供するのである。

ケーススタディ ── レポート結果の読み取りと
レポートの知見の報告

　ドキュメントの使用について考えるもう一つの方法は、相互作用において、どのようにドキュメントについて言及され、引用されるかに焦点をあてることである。ジェンキングスとバーバー（Jenkings & Barber, 2004, 2006）は、病院薬事治療委員会（Hospital Drug & Therapeutic Committees : DTC）の会合を研究し、この会合におけるドキュメントの役割に焦点をあてた。DTC の役割は、どの新薬を特定の病院で使用可能にするかをコントロールし、場合によっては、特定の医療チームによる薬の利用を制限したり、特定の病院での利用を却下したりすることにある。薬によっては多くの費用がかかるため、DTC はその薬を含めることが費用対効果が高いかどうかについて決定しなければならない。委員会はある程度、その薬の費用対効果と臨床的な効果について公表された研究エビデンスにもとづいた決定をする必要があるため、このプロセスにおいてドキュメントの利用が重要となる。

　データは 2 つの異なる DTC の連続した 4 回の会合に関する音声記録と、その観察から構成されている。加えて、それぞれの会合で準備されたすべてのドキュメントも入手している。いくつかの会合では、しばしば参加者の一人が特定の薬の研究エビデンスの要約を準備しており、そうでない場合は参加者は事前に回覧された研究論文を読んでおくことが期待されていたため、これらの資料を入手することは重要であった。

　ジェンキングスとバーバーの関心の一つは、これらの書かれたレポートが読み上げられたときにどのように変換されたか（またはされなかったか）、であった。たとえば、原本（テクスト）にある比較的シンプルな陳述 4「325mgのアスピリン投薬」が、薬剤師によって読み上げられるときに、どのように変換されたかに注目してほしい。

7章　ドキュメントについての会話、ドキュメントによる会話の探究　│　131

> **抜粋 7.2** （Jenkings & Barber, 2006, p.180. トランスクリプトを一部修正）
>
> 薬剤師：もう一つは、使用されたアスピリンの服用量は325です。
> 議長：　それは多い (.)
> 薬剤師：大部分の人が服用すると思われるより多い (.) ここに副作用発生の
> 　　　　リストがあります

　原本（テクスト）の陳述を再生産するにあたって、どのように**彼らの発話のローカルな文脈に合わせられたか**に注目してほしい。事実を提示する前に、薬剤師は「もう一つは」というフレーズを使う。このようにして、この問題をDTCの仕事に潜在的に関連するものとして提起する。そしてDTCの議長は、それに注目し、強調し、この服用レベルに「それは多い」という評価を行うことで協働する。薬剤師はそれから議長の評価を拡張して確認する。このようにして、この薬に関する事実は、DTCが「通常行っていることの世界」の中に位置づけられ、潜在的にネガティブな評価が作り出される。

　レポートの一部と薬剤師がそれをどのように提示したかを比較すれば、テクストを位置づけ変換する、同種のはたらきを見ることができる。

> **要約レポート**　（Jenkings & Barber, 2006, p.181）
>
> 考慮事項
> 1. 立会医（病院の医科の最上級医）によってのみ処方。
> 2. 不安定な狭心症では推奨されない。
> 3. アスピリンとの同時使用によって起こる安全データはない。
> 4. ワルファリンとの併用は推奨されない。
> 5. 好中球減少（3%）を引き起こす、無許可のチクロピジンより好ましいかもしれない。
> 6. アスピリンに耐性がない、または奏効しない患者に対してのみ使われる。大きな出費の増大に対し、効果が非常に小さいという見地から、最初の選択肢ではない。
> 7. 非耐性をどのように定義するか？

| 抜粋 7.3 | （Jenkings & Barber, 2006, p.181. トランスクリプトを一部修正） |

薬剤師：それは立会医による処方であるべきだとされています(.) これは不安定な狭心症では推奨されません (.) アスピリンとの同時使用において、**それを使いたいと思うであろう領域の安全なデータはまったくありません** (.) これはワルファリンとの併用は推奨されません (.) 明らかに無許可で好中球減少を引き起こすがときどき使われるチクロピジンよりは望ましいかもしれません。それは、**明らかに（不明瞭）そしてあー** (.) これはアスピリンへの耐性がないもしくは奏効しない患者にのみ使われるべきで、もしすべてこれに切り替われば、**全員にとってコストの莫大な増加になるため、明らかに最初の選択ではないと思います** (.) そして、**私の主要な問題は、耐性がないということをどのように定義するかで** (2.0) **なぜならこれには正答がないのです**(.)

　抜粋 7.3 で太字が使われているテクストは、オリジナルの要約レポートに付加された薬剤師の言葉を示している。これら 2 つを比較すれば、薬剤師が、提供している情報をどのように理解するかについて、いかに多くの**文脈的情報**を提供しているかを見ることができる。この特定の薬について彼が懸念する特定のバージョンを、どのように提供しようとしているかに注目してほしい。たとえば、彼は「安全なデータはまったくありません」と言い、これは「安全データはない」という要約レポートのバージョンと比較して、さらに強いレベルの潜在的懸念を加えている。同様に、要約レポートのポイント 7 では**「私の主要な問題は」**を前置きとして始められており、その後に**「なぜならこれには正答がないのです」**というフレーズを続けて、潜在的懸念を高めている。

　このようにこの研究は、読み上げるという行為を通してどのようにテクストが変換されるか、ということを示していく。これは、別のしかたでなされるべきだとか、薬剤師の行為を明確に非難すべきだとか言っているわけではない。このような文脈化のはたらきは、私たちが読み上げるときの通常の特徴なのである。ポイントは、読み上げたり言葉どおりに引用したりするときに、テクストがどのようにローカルな状況や文脈に合わせられるかを理解することにあ

7章　ドキュメントについての会話、ドキュメントによる会話の探究　｜133

る。この合わせる作業は、読もうとするものについて紹介したり、テクストを読みながら自分のコメントを付け加えたり、読んだ後に自分の話を続けたりといろいろあり得る。この過程において、テクストの描写は変換され、その聴衆に合わせられる。ジェンキングスとバーバーの研究はまた、どのようにDTCが機能しているか、研究エビデンスを利用し用いるまさにその瞬間に、それらをどのように扱い、変換するか、についても示している。現代のヘルスケアでは（そしてそれ以外でも）、すべての側面がますます「エビデンスベイスド（証拠にもとづく）」になっていることを考慮すれば、ランダム化された統制試験やその他の厳密な方法による質の高い研究エビデンスが、明らかに中立で、安定していて、再現可能であるとされているが、この著者たちは、このビジョンのもっともらしさについて、さらに疑問を加えている。著者たちが示すように、実践家にとっては、研究エビデンスというものは常に、それが実行される場所の特質に合わせられるのであり、そうでなければならないのである。

ケーススタディ ── 法廷のビデオ記録の理解

グッドウィン（Goodwin, 1994a）は、ロドニー・キング裁判の分析を行った。4人の白人アメリカ人警官が、アフリカ系アメリカ人のキングを呼び止めて暴行した。このとき、一人の男が警官に気づかれずに通りの反対側から事件をビデオに撮っており、警官たちはその後起訴された。グッドウィンの分析が強調することの一つは、テクスト（この場合ビデオ記録）がそれ自体、語るのではなく、むしろ常に、いかにして、**語るようにされる**のか、ということである。ロドニー・キング裁判の場合、被告側と警察側の専門家の証人が、ビデオ記録の映像を理解する特定のしかたを生み出すべく協働した。この裁判を通じて、被告側はビデオテープが事件の客観的記録であると主張し、キングを殴打したビデオが「良い警察の仕事」の例として陪審員に解釈されるようさまざまな参考人による証言を用いた。被告側は、警官は単に「警察の仕事に慎重に、正当に」従事していただけであることをビデオが示していると主張し、一審の裁判ではそれが成功した（1994a, p.617）。

グッドウィンの分析は、「法廷テレビ」で放映された裁判の録画にもとづい

ていた。警官とロドニー・キングの行為についてのビデオ記録をどのように「理解するか」が、この裁判の中心的な争点となった。以下に示す抜粋7.4は、被告弁護のトランスクリプトの一部である。事件のビデオテープが再生、停止され、それにコメントする発話を見ていこう。

抜粋 7.4 （Goodwin, 1994a, p.617. トランスクリプトを若干修正）

1	被告弁護人：	4回、えー5回、いや1回、
2		私たちは1回殴っているのを見ました=
3		=それでいいですか.
4	専門家：	それでいいです
5		力は再び段階的に拡大しました (0.3)
6		その前のレベルにまで、(0.4)
7		そして、段階的縮小は終わりました.
		…
8	被告弁護人：	そして -
9		この時点
10		4、13、29の記録のところで、(0.4)
11		殴ったのが当たったのが見て取れます
12		ですから、段階的な縮小の終わり？
13		そういうことでしょうか、警部？
14	専門家：	そうです。
15		力はここで前のレベルまで上昇しています、(0.6)
16		この段階的縮小の後で.

　この小さなフラグメントには、非常によく似た特徴を共有する2つのシークエンス（1-7と8-16）が含まれている。被告弁護人はいくつかの描写を行い、それからその描写について質問し、そして参考人はその質問に答え、そうする中でいくつか描写のし直しをしている。注目すべき重要なことは、そのような行為を通して、彼らがビデオの映像をどう「理解する」かのやり方を構築するために、いかに協働しているかである。

　最初のシークエンスにおいて、被告弁護人は映像の回数を「4回、えー5回、

7章　ドキュメントについての会話、ドキュメントによる会話の探究 | 135

いや1回」と声に出し（1）それからその映像を「私たちは1回殴っているのを見ました」と描写する（2）。彼がどのように映像の行為を描写するかに注目してほしい。これは繰り返し殴ることもしくは攻撃としてではなく、1回の打撃として見られ、理解されている。それから彼は、「それでいいですか？」（3）と、彼の描写の確認を求める。専門家はこれを承認し（4）、それから映像の行為を描写し直す。これはただの「打撃」として見られるだけでなく、「**力は再び段階的に拡大しました ··· 段階的な縮小は終わりました**」（5-7）その瞬間としても見られている。この再描写によって、打撃を捉えた一つの映像は、力の精密な「レベル」（6）への、まさに「段階的拡大」の瞬間として見られるようになる。2つ目のシークエンス（8-14）でも同様のことが行われているが、ここでは、警官の行為を説明するために、被告弁護人が、「ですから、段階的縮小の終わり」（12）という描写を用いているところが異なる。

この例で被告弁護人は、ビデオのそれぞれの打撃（4回、えー5回、いや1回。そして4、13、29）を、別個の、異なった行為としてコーディングし、強調するよう努めている。間を置かずに起こったロドニー・キングの身体への47回の攻撃は、被告弁護人と警察専門家の間でのやりとりによって、別々の、個別の力の使用へと変換された。この「個々の」攻撃は、力の高まり、もしくは段階的拡大の瞬間として、段階的縮小の期間が終わった瞬間として**のみ**、理解される。打撃と打撃の間の時間は、警官がロドニー・キングの行為が協力的かどうか、その兆候を分析するための「アセスメント期間」（Goodwin, 1994a, p.617）として理解される。被告弁護人は、「ロドニー・キングと、唯一ロドニー・キングだけが、状況をコントロールできた」と主張し続けた（同上, p.618）。

被告弁護人の主張は、一部、ビデオプレイヤーの技術によって特定のポイントでその行為を正確に止めることができ、これらの行為を個別の行為として再生することができたことで可能となった。彼らはビデオを映じながら話すときにポインターを用いることによって、キングと警官の細かな動きをさらに詳細に切り分け、それに陪審員の注意を向けるようにした。彼らはまた、ビデオから写真を作り（特定の場面が切り取られて引き伸ばされたクローズアップ）、それに線を描いた透明な紙を重ねて、陪審員の見え方を方向づけ、再び陪審員の見方と認識に焦点化した。このように、立ち現れるシーンの意味を理解する特

定の方法に対して、発話と技術の協調が互いを補足しあった。グッドウィンの分析を通して（彼の研究のごく一部を述べただけであるが）、見ることと知ることは単に内的な心理学的過程の産物ではなく、ローカルで場に埋め込まれた社会的行為と相互作用に複雑に密接に結びついたものであることを把握し始めることができる。そして、見る、知る、話すことの権威は特定の専門家と密接に結びついており、それは不公平に分配されている。

まとめ

　人々がどのようにドキュメントを作り出し、使い、話すかについて簡単に紹介した。それによって、人々が使うソースとしての資料の種類と、それらの資料についてどのように問いに答えようとしたかについて、いくつか、技術的なアクセス手段を提供しようと試みた。これらの資料はすべて、自然発生的な相互作用の音声とビデオの記録であり、いくつかのケースにおいては、フィールド観察と、参加者が使い、作り出し、それについて話すドキュメントのコピーも含まれている。この研究で中心となること、そして鍵となる分析的な質問は、どのようにしてドキュメントまたはテクストが、現れる出会いの一部になるか、ということである。ポイントは、人々の行為や相互作用を調整し、生み出すことにおける、ドキュメント（そして物質的文化のその他の要素）の潜在的なはたらきを真剣に受け止め、そこに焦点をあてることである。

　人々と人ではない「モノ」のローカルで協働的なはたらきについて問いを発していくと、それらがどのように精神医学や医療、法律のような、いわゆるより広い文脈や制度に、その都度、何度も繰り返し組み込まれ、そしてそれらを生産し直しているかを理解し始めることができるようになる。本章と前の章の例が示しているように、焦点は、どのようにして人々とモノの協働的行為や相互作用の中で、そしてそれを通じて、制度が生み出されるかということにある。そして、会話分析が可能とするのは、人々とモノが、特定の制度と制度上の課題やアイデンティティを組織化する方法について記録するという挑戦である。このようにして、起こっている「はず」と思うアプリオリな仮定よりも、それらの制度において実際に起こっていることにもとづいて、社会生活の多様な制

7章　ドキュメントについての会話、ドキュメントによる会話の探究　137

度の分析的理解を発展させることができる。参加者が行うことについて彼らにインタビューやフォーカスグループを実施することだけでは、あるいは、参加者が行うことを描写したテクストを読むことだけでは、物語の一部を提供するだけになってしまい、私たちが社会生活を再生産する、見事な、洗練された、巧みな方法を時として見逃してしまうのである。

▬▬ キーポイント

- 私たちは決してドキュメントにともかくも中立的で抽象的な方法で関与するのではなく、ドキュメントは常に特定のローカルな文脈と関わりあっている。ドキュメントは常に、特定のはたらきをするために、特定の方法で読まれ、用いられる。
- ドキュメントは、紙であれコンピュータ上のものであれ、私たちが日々遭遇する膨大なモノとともに、私たちの行為と相互作用を調整し、制限し、可能にする中心的なものである。
- ドキュメント、そして他のモノや技術が日常の相互作用においてどのような特徴を持ち、用いられるかという研究は、精神医学や医療、法律といった、社会生活の制度や構造がどのようにして生み出され、組織化され、維持されるかに新しい光をあてるのに役立つ。

さらに学ぶために

以下には、この章で概説した分析的研究のさらなる例がある。

Prior, L. (2003) *Using Documents in Social Research*. London: Sage.

Prior, L. (ed.) (2011) *Using Documents and Records in Social Research*. London: Sage, Volume 3.

Smith, D. E. (1990) *Texts, Facts & Femininity: Exploring the Relations of Ruling*. London: Routledge, Chapter 3.

訳者補遺

佐藤郁哉 (2008)『質的データ分析法——原理・方法・実践』新曜社

8章　会話とディスコースを探究する
──いくつかの議論とジレンマ

分析者の隠れた役割

相互行為の1コマのみに焦点をあてる

フォーカスグループやインタビューから得たデータの、ローカルな文脈について研究する

権力（や他の鍵概念）について研究する

まとめ

この章の目標

- 会話やディスコースを研究する際に直面し得る、ジレンマについて知る。
- インタビューやフォーカスグループのデータを理解・分析するのに何がベストな方法なのか、さらに学ぶ。
- データについて何かしら論を立てる際の、研究者自身の役割について自覚的になる。
- 語りの小さな部分を細かく分析することで、「権力」のようなことがらについて、実際に何が言えるかをつかむ。

　前の2つの章では、会話やドキュメントの使用を詳細に分析するにはどうしたらいいかについて探究した。驚くことではないが、ここまで説明してきたアプローチやテクニック、アイデアの数々に、批判がないわけではない。そうした批判の多くは、この種の分析が、多くの社会科学者の研究の主軸である、より広い文脈や構造をいかに扱っていないか、ないし拒絶しているかに焦点をあてている。ここで私は「権力」や「不平等」といった概念のことを考えてい

139

る。ある人が私にこう言ったことがある。「こういう分析をする人たちは、細かいことにあまりにこだわりすぎていて、トランスクリプトから一切目を離さないかのようだ。彼らは世界で**本当のところ**何が起きているのか、気づいていない。」

ファン・ダイク（van Dijk, 1999）は、ディスコースを研究する人たちは2つの立場に分かれると書いている。ある人たちは、

> 書いたり話したりするしかたをみることで、おおよそ、その人が黒人であったり、女性であったり、若者であったり、ボスであったりすることがわかってくるような自前の社会的知識をいとわずに利用する。つまるところ、彼らはディスコースが社会的な不平等さを再生産すると想定している。（1999, p.460）

分析のもう一方の側にいる人たちからは、これとは対照的な主張がなされる。

> このアプローチでは、社会の成員が実際に言ったり行ったりすることを詳細に検討することによって文脈化を「証明」するのであって、（いかに確かなものと見えたとしても）文脈化を前提とはしない。そうでなければ、文脈化は意味がない。それはディスコースと無関係ということになるのだから。（1999, p.460）

この論争の中心には、2つの相対立する、それもしばしば観念的に過ぎる立場の違いがある。こうした議論を紐解くために、先に検討した台所の「キュウリのポリティクス」のやりとりの一部に、もう一度焦点をあててみたい。抜粋の一部を再掲しよう。

抜粋 8.1　（キュウリのポリティクス──台所 10：2.17-3.17）

1　**ティム**：　　全部凍ってる？　＝
2　**メアリー**：　＝いいえ . この部分は大丈夫 . いいわ、皮を :: 剥くとき、
3　**ベン**：　　　°う、うん°

```
 4   メアリー：  これを縦に = 4: つに切っ:て. [でそれから]
 5   ベン：                              [あっそれからね]
 6   メアリー：  種を出して =
 7   ティム：    = あるいは 2:: つに切って、ティースプーンを使って
 8              (( 叩く音 )) 沿ってさっと動かすんだ.
 9              (0.3)
10   メアリー：  どっちでも、好き: な方を選んでいいのよ. =
11   ティム：    = （だと）明らかにポリティクスがはたらきそうだね.(.)
12              [ どっちを選ぶかで ] =
13   メアリー： [> フ h< へ h へ h へ: h] = 全然.
14              (( カサカサという音 ))
15              (0.4)
16   メアリー：  そんなものないわよ. =
17              = (( 叩く音 ))
18              (0.4)
19              (( カサカサという音 )) =
20   ベン：      = でもひそかにあるかもね
21              (0.4)
22   メアリー：  エッ h?
23   ベン：      ひそかにあるかも =
24              = エェ  °へ h へ hh へ h°
```

　さて、ここでまずは一方の側の立場、すなわち問題やトピックに一般的な知識や経験を持ち込む架空の研究者を想像してみよう。彼らは、ジェンダーや家族といった制度ないし構造をめぐって生じる権力関係が、このやりとりにも**明らかに見られる**と考えるだろう。次に、そうした前提を排し、このやりとりにおけるジェンダーや家族の在り方をただ述べるだけにとどめようとする架空の研究者も想像してみよう。彼らの考えでは、このやりとりの中でジェンダーや家族のはたらきが**参加者自身によって志向され、志向されていることが示されている**ときにのみ、それについて指摘するだけで良いということになる。

　こうした議論が見落としている問題は、次のような問いである。ベンがメ

8章　会話とディスコースを探究する──いくつかの議論とジレンマ　141

アリーの子どもで、16歳の学校に通うティーンエイジャーで、学校では「A」
レベルの生徒で、白人で、男性で、健常者で、イギリス人で、他にも何かしら
のアイデンティティがあるという「事実」は、ここでの相互行為に関係してい
ないだろうか？　同様の問いは、メアリーにも当てはまる。彼女の年齢、教育
レベル、ジェンダー、仕事、ベンの母親としてのアイデンティティ、そして
ティムの友だちとしてのアイデンティティは、この相互行為に関係していない
だろうか？　もしくは、こういうふうにも問える。このやりとりのこの瞬間に、
何かしらのアイデンティティとそれに関連する社会構造が、参加者に何かしら
関係するものとして生じているだろうか？

　たとえば、キュウリの下ごしらえについて、ベンは2つの方法を示されてい
る。メアリーはベンに「どっちでもあなたが、好き：な方を選んでいいのよ .」
(10) と述べることで、ベンに2つの可能な方法を提示した。これによってベ
ンは、メアリーの（またはティムの）指示に従わなくてもよくなったわけだ
が、ここでティムは「＝（だと）明らかにポリティクスがはたらきそうだね (.)
[どっちを選ぶかで]」(11-12) というコメントをしている。問題は、ティムの
言う「ポリティクス」とは何かである。これは、**メアリーの息子である**ベンが
直面する家族制度と結びついているだろうか？　もしも、ベンがティムの指示
の方に従ったら、彼はそのことで母親の忠告を拒否していることになるだろう
か？　あるいは、このやりとりは何か別の制度、たとえば、友情に関する制度
などと結びついているのだろうか？

　ビデオを見る限り、この瞬間に、親とティーンエイジャーという対となる2
つのアイデンティティに関して、はっきりと言えそうなものは何も見当たらな
い。**表面上**は、家族という社会制度や、そうした社会カテゴリーに属するこ
とによって生じる権利や責任を志向している人は誰もいないし、ティムのコメ
ントに続く語りを見ても、ティムが何について話そうとしていたかは、やりと
りの参加者たちにも、傍で聞いている私たちオーディエンスにも、言明されて
はいない。メアリーは笑ってから、かなりユーモラスなトーンでティムのコメ
ントに同意している。その後、同意を取り消し、テーブルを離れようとして立
ち上がりながら、今度は少し真剣な口調で「いやないでしょ .」(16) と述べて
いる。その後ベンは、やはりユーモラスなトーンでメアリーの発言に反対し
たが、メアリーにはそれが聞こえなかった。そこでベンがもう一度自分のコメ

ントを繰り返すと、メアリーは笑った。そのため、この時点で、彼ら全員は
ジョークの意味を理解したように見える。

　それでは、ティムが使った「ポリティクス」という言葉について、私たちは
実際のところ、どのようなことが言えるだろうか？　一つの選択肢としてある
のは、ティムが言及しているのは対立する２つの指示のうちどちらかを選ばね
ばならない場合に誰もが直面するジレンマであって、ここに家族や友情は表れ
ていない、というものだろう。この回答を採用すれば、次にすべきなのは、似
たようなジレンマが生じた別の例を探し、人々がそうしたジレンマにどう志向
するかを見る、といったことになるだろう。しかし、それでは、私としては得
心がいかない。ということは、おそらく私が抱いている前提について、ここで
述べておくべきだろう。つまるところ私は、ティムが述べた「ポリティクス」
という言葉には、ベンがメアリーの息子という立場にあるということが、**少な
くとも部分的には関係している**と考えている。さらに私は、この言葉は、家
族や友情といった対人関係上のポリティクスにも、少なくとも部分的には結び
つくだろうとも考えている。メアリーとベンという、親とティーンエイジャー
ないし母親とティーンエイジャーという関係性が、いつ、どのようにして語り
のトピックになるかを知りたければ、後のやりとりや、他のやりとりを詳細に
検討したり、別の似たような瞬間を検討してみたりするのもいいかもしれない。
そうすれば、何かしらの手がかりが見つかる可能性もある。このやりとりの参
加者たちに会いに行って、尋ねてみるのもいいかもしれない。まぁ、私もこの
参加者の一人であって、しかし、この言葉がどうして使われたのか、まったく
覚えていないわけなのだが。

　そういうわけで、ベンがジレンマに直面しているのと同じように、私たち分
析者の方もジレンマに直面する。どちらのバージョンをとるべきか——語りの
参加者たちがまさにその瞬間に志向していることのみに焦点を絞ることに固執
するべきなのか、直感に従うべきなのか。あるいは、同じような動きが起きた、
別の瞬間を集めるべきだろうか。他のやりとりの記録を見れば、似たようなや
りとりについて私が持つ知識や、他のティーンエイジャーの親代わりになる際
の知識が、実際役に立つだろう。「誰の指示に従うべきか」というジレンマは
よく生じるし、こうしたジレンマが子育てのポリティクスと関連づけられて話
し合われることもときどきあるからだ。ただ、これは、私が分析する上での解

8章　会話とディスコースを探究する——いくつかの議論とジレンマ　143

決策であり、これに反対する人もいるだろう。そうした人たちからすると、私はあまりに多くの前提を持ちすぎており、参加者自身がその瞬間にしていることだけに着目することから離れていると見えるだろう。

抜粋8.1に関するここまでの議論は、さらに関連する別の論争も呼び起こす。それは、次のトピックに関する問題である。

- 分析者が持っている知識が、論を立てる上で果たす隠れた役割。
- 行動や相互行為の非常に短い抜粋を分析の焦点とすること。
- 自然に起きたデータやローカルな文脈を、分析の焦点とすること。
- 権力に関する考察がまったくないこと。

こうした点について、簡単にではあるが検討していこう。

分析者の隠れた役割

アーミネン（Arminen, 2000）は、アルコホーリクス・アノニマス（AA）の会合での話し合いの、次の抜粋を示している。ある時点で、ある人物が次のように話した。とりあえず彼を、ジムと呼んでおこう。

抜粋8.2　（Arminen, 2000, p.43）

ジム：　ある意味この人：といるとしらふになれるんだけど、彼はまったく飲めな - (1.0) 飲みたがらないからさ

ジムは、こんなふうにも言えたのではないだろうか。

　「ある意味この人といるとしらふになれるんだけど、彼はまったく**飲めな**いからさ」

しかしそうではなく、ジムはこう言っている。

「ある意味この人といるとしらふになれるんだけど、彼はまったく**飲みた
がらない**からさ」

　ここでジムがしたのは、語りの修復である。相手のことを「飲むことがで
きない」と言うのではなく、代わりに、少しポーズをとった後、「**飲むこと
が好きではない**」存在として描写し直している。こうしたジムの自己修復は、
ここで話されている人物に非常にはっきりとしたアイデンティティを付与して
いる。そしてジムは、この人物に AA としてのアイデンティティを与えてい
る。なぜなら、この人物は彼が飲まないよう毎日支援してくれる存在となって
いるからである。AA は、アルコール依存症者は常にアルコール依存症者であ
り、それゆえ常に飲まないと決意しなければならないと考えている。アーミネ
ンも述べているように、**AA が掲げるそうした「自主性」の精神に関して何ら
かの知識を持っていなければ、ジムの行った自己修復の重要性には気づけな
い**かもしれない。
　つまり、ジムが行っていることについての感覚を持つためには、現場内部の
人やそのメンバーが持つ知識が、分析者にもある程度必要になるわけである。
ジムがどういった志向性を持っているかを理解しようとするとき、もし、何も
前提を持たず、相互行為内の参加者が実際に行っていることや取り組んでいる
ことだけに焦点をあてるというスタンスを採用するのであれば、その分析は
「活動状況に密着した参加者の資質や能力に気づくことのできる**分析者自身の
能力に依拠するだろう**」（Arminen, 2000, p.44. 強調は私による）。何らかのジェ
スチャーや行動が何らかの活動をしていることを把握できる能力は、部分的に
は、人々がなぜその時点でそのことをしているか、分析者が認識できるかどう
かにかかっている。
　重要なことは、アーミネン（2000）が、参加者の志向性を取り入れるという
ことを、単なるレトリック上の言葉のあやとして言っているわけではない点で
ある。実際、彼はこの立場に立つ場合に想定される問題をいくつか提起してい
る。私に置き換えて言えば、どのように相互行為の１コマを理解するかは、**場
合によっては、特定のコミュニティのメンバーであり、その文化に精通する、
私自身の能力に拠っている**。このことについて根本的なレベルで自覚的になっ

たときが、私の場合、三度ほどある。そのうち2つは、英語のネイティブスピーカーであるという私の立場と、それによって当然持つことになる知識に関係していた。

- そのうちの一つは、フィンランド語から英語へ翻訳されたトランスクリプトを共同で分析するデータセッションをしていたときであった。私たちはどうしたらトランスクリプトが適切だと思えるようになるか、あれこれ探究していたが、「その推論は、フィンランド語では実際そういうことじゃないけどね」と言われたのだった。
- 同様に、フィンランドにいたとき、私のデータの音声記録の検討や他の議論をしたデータセッションで、私は特定の述語や、参加者が用いたフレーズや発話のパターンのいくつかについて、翻訳したり説明したりしなければならないことに気づいた。

これとはまた別の場合であるが、何が起きているか理解するのに、時には実際に参加者の視点から見る必要があることをまざまざと私に教えてくれた。

- 隣人たちが自宅を出るときに、私の車やその中をじっと見ていることに、私は前から気づいていた。はじめは、私のピカピカの新車への彼らの「憧れ」か、中にあるものをチェックしているのだと考えていた。しばらく経ってからも彼らは私の車とその中をじっと見続けていたので、彼らは**本当に**私の車をいいと思っているに違いないと、私は考えるようになった。しかしある日、車の横に立ちながら、ついに、実際に起こっていたのは次のようなことに違いないと理解した。隣人たちは反射するほどきれいな窓を、出かける前の「身だしなみのチェック」に使っていたのだ。それからというもの、彼らが私の車を見ているのを見かけると、私はこの線に沿って彼らの行動に注目するようになった。そしてこの直感が合っていたことを確認した。彼らが髪形を整え直したり、服の装飾を整え直したりすることがよくあるということがわかったからである。

この立場をとること、つまり**参加者にとって何が起きているかを理解する**上

での自分自身が持っている知識の役割を認めるからといって、参加者の志向性に注目することが分析の中心課題であるということを否定することはまったくない。ただし、研究が専門家や専門的な課題、専門的な営みが実践される文脈で行われるとき、そこで想定される問題のいくつかに光をあてることにはなる。そうした研究を行う場合、参加者の持つ知識や、リンチ（Lynch, 1993）が言うところの、研究現場の言語や営為に関する「住人の能力（vulgar competence）」を、ある程度のレベルまで得てから臨む必要がある。

相互行為の1コマのみに焦点をあてる

ここまででお気づきだと思うが、上記の議論を踏まえれば、この種の研究では、参加者が実際に言ったり行ったりしていることが、分析結果を主張する上で鍵となる論拠となる。だから、誰かが「質問をした」ということを主張するためには、ほかの誰かがそれに「答えた」り、答えがない場合には質問した人が「なあ、俺質問したんだけど」と言ったり、質問がもう一度繰り返されて答えが返ってきたりといった、実際の証拠が必要になる。こうしたことは、「次ターン証明手続き」と呼ばれることがある。この視点から言えば、特定の一続きの語りや行動について理解しようとする場合、以下のようなことを検討することになる。

- 直前の先行するターンにおいて、他の参加者が行った語りや行動。この分析では、当該の参加者が行った語りや行動が何に対する反応なのか、要するに、その人が何をしようとしたかについて検討する。
- 直後の次ターンにおいて、他の参加者が行った語りないし行動。この分析では、他の参加者がどのようにその人の語りや行為を理解し、応答したのか、要するに、その人以外の他者が語りや行動を何をしているものとして理解したかを検討する。

自分のデータ素材について何かしら主張を行う上で、こうした分析が非常に強力な方法であることは間違いない。特に、やりとりのトランスクリプトを読

8章　会話とディスコースを探究する——いくつかの議論とジレンマ　147

者に提供する場合には強力である。そうすることで、読者は分析を見て確認する（そして、議論する）ことができる。

　しかしながら、相互行為はいつも「一度きり」のやりとりとして起きるわけではなく、むしろ多くの場合、継続的につながる一連のやりとりのほんの一部であるにすぎない。また、あるときに生じたトピックや出来事が、その瞬間には解決しないかもしれない。ずっと後のやりとりや、その後に生じた別のやりとりの中で、その話題や出来事に戻ってくるかもしれないからだ。会話や意味づけには、このように連続性の性質があるわけだが、ここで、このかなり極端な、しかし良い例を挙げてみたいと思う。私はたまたま友だちのジョンと道で会い、その場で５分ほど、そのときのジョンの生活上のストレスや、そのストレスへの対処についてしゃべった。数日後、ジョンの彼女と出会うと、彼女は私に「私がジョンと結婚しようとしているって、どうしてわかったの？」と聞いてきた。ジョンは、私たちの「ストレス」についての話が、彼らが結婚を計画していることについてのことで、既に彼女が私に結婚のことを話していると思っていたのだった。彼女は、断じて結婚のことを私には話していなかったので、これに驚いた。私の方は、「ジョンのストレス」についての会話を、彼が仕事を一つ辞めたこと、別の仕事を始めたこと、そして新しい家を買ったことと結びつけて捉えていた。私がこのエピソードが好きなのは、ジョンと私にとって、それでもそのときは会話が理解できるものとなっていた、というより、「ジョンのストレスの多い生活」という話題を別々の形で理解していた、という点にある。私たちのおしゃべりはスムーズで、会話のとき何の修復作業もいらなかった。意味づけに関する疑問が生じてきたのは、それから数日後の話である。私がここで言いたいのは、やりとりの連なりに注目すべきということではない。そうではなく、**やりとりにおける語りや行動、意味づけの、一時的かつ進行的な性質**に自覚的であるべきだということである。こうしたことは、１回のやりとりの中でも、一連のやりとりが繰り返される中でも生じるものである。

フォーカスグループやインタビューから得たデータの、ローカルな文脈について研究する

　ファースとキッツィンガー（Firth & Kitzinger, 1998）は、自己語りデータを分析する際の、対照的な方法について分析している。彼らは、「セックスに『No』と言う女性」というトピックに集まったフォーカスグループのデータを用い、インタビューやフォーカスグループの語りを、それが生み出されるローカルな文脈からも分析できると論じた。彼らは、このトピックについて女性のフォーカスグループの同一データから、2つの読みを挙げている。

　フォーカスグループでは、参加者の女性たちは、セックスを拒むことにまつわる感情的問題、とりわけ、「男性の感情を害すること」について決まって語っていた。こうした自己語りはしばしば「感情労働」と言われ、**フォーカスグループを行っている空間を越えた**、女性の振る舞いや心理を知る方法として用いられる。「感情労働」を**分析カテゴリー**として用いると、このデータは、女性が次のような存在であると主張するために使われる。

　女性たちは、

> 日常的な性的交渉の一部として感情労働に従事している。… 彼女たちは自分の抱く（セックスへの関心のなさ、ないしは嫌悪の）気持ちを抑え、（**彼**が望むときにセックスをするといった形で）男性パートナーの気持ちに従っているか、さもなければ、自分の気持ちを優先したことで自分を責めている（つまり、セックスを拒絶することで罪悪感を覚える）。（Firth & Kitzinger, 1998, p.310. 強調は私による）

　このように、「感情労働」という概念は、セックスを拒否するときに女性が**経験する**ものを示すため、分析者によって使われる。こうした分析は、彼女たちがこういった表現を行う際のローカルな文脈については触れない。しかし、彼女たちのこうした表現は、フォーカスグループ内の他者とのやりとりによって生まれている。

そこでファースとキッツィンガーは、次に「感情労働」という概念を**参加者の持つカテゴリー**として用い、「セックスを拒絶することについて議論するときの感情について語ること」が、どのようにして、ある一定のタイプの人間を産み出すかに意識を向けた。彼らが示したのは、感情についての語りが、セックスを拒否される男性を「感情が傷つきやすく、自信のなさでいっぱいな」(1998, p.311)存在として構築しているということであった。感情についてそのような語りをすることによって、フォーカスグループに参加している女性たちは、自分たちを感情的に強い存在として（そして男性を、感情的に弱くサポートが必要な存在として）構築し、それゆえ犠牲者では**ない**としつつも、また一方では、女性を対人関係上の「感情労働」に責任を持つ存在としてリフレクシブな形で描いてもいる。彼らが指摘するように、

　　女性が「感情労働」をしている理由——あるいは、していると語る理由——は、女性の心理（承認欲求、彼女らの「自然な」のケアへの性向、女性らしい性役割ステレオタイプへのこだわり）に位置づけられるものではなく、彼女たちが暮らす社会的世界に位置づけられるものかもしれない。… これは単純に、女性が多く持つとされている豊かな感情的資源を、異性愛で家父長制の世界が利用し、搾取しているということではない。そうではなく、「感情労働」をしているという語りが、自らの行動を説明・正当化したり、自らを（他者にとっても自分たちにとっても）望ましい形で提示したりする上での、合法的かつ社会的に受け入れやすい言語を、女性たちに提供している可能性がある、ということである。(1998, p.311. 強調は私による)

　彼らの研究は、**インタビューやフォーカスグループのデータを分析する際には、その語りがどのように生み出されたかにも敏感であるべきだ**ということを照らし出している。彼らは次のように述べている。

　　語りの抜粋は、（しばしば）「自ら語る」ものとして想定される。しかし… データの抜粋は（しばしば）文脈から切り離され、あたかも中立的で公平な方法で生み出され、研究参加者は、自分の生活をできる限り正確かつ誠実に報告することのみを気に掛けているかのように解釈される。これは決定

的な事実を見落としている。語りは常に文脈の中で、他者とのやりとりの中で生じ、生み出される——そして研究参加者たちは、自分たちの語りを生み出すにあたって、他者の疑問、関心、仮定、解釈、判断を志向しているのである。社会科学者が人々の「言う」ことから、人々の「思う」ことや人々の「振る舞い」の方へと解釈を方法論的に飛躍させるとき、社会科学者は同時に語りの社会的な機能を覆い隠しているのであり、**相互行為における語り**（talk-in-interaction）の役割を覆い隠している。（1998, p.317. 強調は私による）

権力（や他の鍵概念）について研究する

ローカルな文脈のみに焦点をあてるこうした分析だけでは、その「根底」にあるより広い構造や制度を常に見落とすことになるのではないか、という批判が展開されることも多い。特に前章のドキュメントの使用のところで私が概説したように、こういった批判はこの種の研究の要点を読み誤っている。この種の研究は、やりとりの中に権力や非対称性がないと言っているのではない。むしろ、権力やその他の支配的概念に私たちが関わり、扱うしかたを、再度明確にしたいと考えているのである。

社会的や心理学的、文化的な分析のおかげで、日々、不平等、ジェンダー、認知、態度、法律、生命科学といった多くの概念が蓄積されているが、そうした領域の研究者たちは、多くの場合、こういった概念をほとんど無批判に使う。たとえば「医療」について話すということは、「医療」の分野や区分、分類の多層性を捨象することでもある。そしてこういったさまざまな医療の中には、たとえば「患者」にどう関わり、知り、理解するかについて、多くの競合する、ないし補完しあう歴史や理論、実践がある。さらにここでは、学術界や国家、法律、企業、慈善団体、家族などが「医療」の多様な側面をめぐってさまざまに絡み合っていることは、何も考慮されていない。これと関連するが、もし研究者チームの予算（と倫理委員会の承認）をとって、病棟に入院する「一人の患者」を実際に追跡調査することになったら、生身の患者、さまざまな血液や尿のサンプル、医療記録、図、結果やスキャン、（給食室、研究室、会計部

8章　会話とディスコースを探究する——いくつかの議論とジレンマ　151

といった）いろいろな場所間で交わされる電子ドキュメントや紙ドキュメント、そして病棟や自宅などで生じるその患者についてのいろいろな会話など、さまざまなものを追跡できるだろう。

　本書で紹介する研究スタイルは、分析について研究者が当たり前に理解していることや語ること、そして当然のように実行することを、無批判に受け入れるわけではない。こうした批判的な姿勢で研究を行っていくと、社会学や心理学や文化的な分析で扱われてきた広大なテーマや概念が、そう見えていたよりも、ずっと乱雑なものであることがわかってくることも多い。私の好きな格言は次のように言っている。**私たちは一般論で思考するが、生きているのは細部である**。そうだとすれば、ローカルな文脈に焦点をあてることは、広いテーマや概念を見落とすことにはならない。むしろ多くの場合、これまでとは異なった形で考えることを要請することになるし、それゆえおそらくは、これまでとは異なった問いを持つきっかけにもなる。ここで、権力や権威の問題に関わる、非常に短いが、医療の文脈での例を挙げてみよう。

　近年、「患者中心の医療」「共同意思決定」の必要性と「医療パターナリズム」の終焉が叫ばれているのを目にする。私たちはもはや医師のアドバイスに静かに従っている必要はなく、むしろどんどん質問し、思いを聞いてもらい、自分の考えを考慮に入れてもらうべきなのだ。患者は、この新たに見出された声に伴って「エンパワー」された。さて、私がここで焦点をあてたいのは、この理論に従えば非常に悪い医療実践とされるような診察場面である。なぜなら、ここでは患者の声や考えは沈黙させられているからである。以下の抜粋は、小児循環器科の初回診察場面での母親と医師のやりとりからとられたものである。彼らが話し合っているのは、この母親の子どもに対して次にとる行動についてである。

　抜粋 8.3　（Silverman, 1987, p.80. トランスクリプトを一部修正）

医師：えーと私にはカテーテルを繰り返す必要があるように思います。
　　　（　　）えー、確かに、お子さんは実際少々心不全があります。肝臓が
　　　非常に肥大していて、ご承知のように心臓も肥大しています、お子さ
　　　んは実際（　　）小さく、成熟していません、いいですね。（　　）

医師：それで私たちがすることはフィルムを見直すことです。何かすべきよ
　　　うに見えます。私たちは、お子さんの肺にどのようなダメージも与え
　　　たくありません、[本当に
母親：　　　　　　　　　　[そうです、そうです
医師：かなり複雑な状況であるわけです。何をすべきか決断するのは簡単で
　　　はありません。お子さんはちょっと気分もよくないんじゃないです
　　　か？[もし私たちが
母親：　　　[ときどき
医師：ときどき。それでもし私たちが (0.5) 彼女の肺動脈にバンドを試みて入
　　　れれば、その影響で彼女の気分をより悪くすることになるでしょう
母親：ううむ。
医師：いずれにしても (1.0) 話し合って、考えられるベストのものが何か検討
　　　していきましょう
母親：むむ。
医師：それではご連絡します。ただ私としては、お子さんはカテーテル検査
　　　を受けるべきだと思います。

　この例で注目したいのは、これから自分の娘に起きることについて母親はた
だ話をされているだけだという点である。医師の「彼女はちょっと気分もよく
ないんじゃないですか？」という発言に、母親が「ときどき」と抵抗しようと
したときですら、医師はただ母親の言ったセリフを繰り返しただけで、自分が
行おうとしていることについて話し続けた。このような診察スタイルを、同じ
クリニック内で展開された、別の母親とのやりとりと比較してみよう。

抜粋8.4　　（Silverman, 1987, p.142-5. トランスクリプトを一部修正）

医師：それでお子さんはどうですか？　X先生からは紹介状と他の町でとっ
　　　たカテーテルのフィルムも送ってもらっています。うむ、いくつか質
　　　問してもいいですか？　お子さん自身はどうでしょうか？
母親：えっと、とても良い子にしていて、私としてはうれしい驚きがありま
　　　す。
　　　((続けて彼女は関連する風邪や胸の感染症、息切れのエピソードにつ

8章　会話とディスコースを探究する――いくつかの議論とジレンマ　153

いて事細かに話し続ける))

医師：息切れのせいで、いろんなことをするのを楽しめなくなっているということはありそうですか？

母親：えっと、いえ、今はないです。

…

医師：X 先生が送ってくれた、えーと、カテーテル、からお子さんに複雑な心臓の異常があるということがわかります。この種の異常は治すのが難しいです。

((医者は続けて外科手術のリスクについて長めに説明する))

医師：釣り合いをとるということでしょう：手術なしの場合にお子さんの人生はどうなっていくか？　その答えは，おそらくはかなり良いものになるということです。お子さんが比較的普通の子ども時代をおくれるというのも、十分あり得るでしょう。

母親：はい。

医師：(ハンディキャップは) 遊んだり歩いたり何かしたりすることが楽しめないというほどには、たぶんならないでしょう

　この診察では、自分の娘についてや娘の状態についてどう思うか、母親は質問されている。また、子どもが一組の純粋な**症状や臨床的な状態**として扱われているのではなく、人間として、**社会的存在**として扱われている点にも注目したい。

　患者中心の医療の理論や共同意思決定、エンパワーメントの理論に従えば、この 2 つ目のやりとりが良い実践例ということになる。母親の視点が考慮されているし、子どもも、技術的な修復作業を必要とするモノとしてではなく、一人の人間として扱われている。対照的に最初の例では、非常にぶっきらぼうな形で診断が告げられており、親が何を望んでいるかについてもまったく話し合われていない。そのため、ここには 2 つの異なった診察がある。シルバーマンは、一方は「臨床対象」として子どもを構築しており、一方は「社会的対象」として子どもを構築していると述べる。しかし、ここで 2 つ目のバージョン——医者は両親に次に何をすべきかを選ばせ、子どもが人生を楽しむことや子どもの人懐っこい性格といった非臨床的なことがらに焦点をあてるよう促している——が**一般的なやり方ではない**という点を考えると、興味深いことが見え

154

てくる。こうした診察形態は、子どもに心臓病の疑いに加えて、ダウン症候群の診断が伴う場合にのみ用いられるだろう。そのようなケースでは、医者は「遊びを楽しむ子ども」といった非医療的な世界に焦点をあて、両親にもそういうことについて話すよう促すだろう。つまり、こうした診察形態——「エンパワー」や「患者中心の診療」——は、親にさらなる医療処置を思いとどまらせるために使われている。それゆえシルバーマン（Silverman, 1987）がはっきりと示したのは——ミシェル・フーコーの有名な観察の一つを例示しているが——、権力は人々を黙らせるのと同じく、語らせるよう励ますことでも作用し得るということなのである。

まとめ

私にとって、学者というのは（ほかの人たちに比べて）誰かのアプローチが「だいたい正しいが、それゆえに、絶対的には間違い」だということを主張するために、膨大な時間やエネルギー、そして言葉を費やしている存在である。会話やテクストについて研究するときに直面するであろう論争やジレンマには、厳密な答えや解決策などない。それは多くの場合、研究者自身が何をどのように読み、その研究の文脈でどのように理解したかによる。それゆえ、ここで私が特に提案したいのは、時間の許す限り、多くの人たちの実証的研究の実例を見、読むということである。そうすることで、彼らが実際に行った決定や実際的な解決についての感覚を養うことができる。

最後に、ここまで書いてきた議論やジレンマのトピックに関して、私の愛読するハーヴェイ・サックスの言葉で締めくくりたい（ここで「語り」「会話」を「テクスト」「ディスコース」に置き換えても問題ないだろう）。

つまり、私が行っている研究は語りについてなのである。語りの詳細についてなのである。ある意味では、会話がどのようにはたらくかについてなのである。研究は変わる可能性があるが、私が計画していることをここで少しだけ話させていただきたい。いろいろとあるのだが、私が見たいと思っているのは、語りのための秩序が存在しているかどうかである。語りに秩序を設

8章　会話とディスコースを探究する——いくつかの議論とジレンマ｜155

けたいのではない。そうではなく、そこに秩序があるかどうかを見ていきたいのである。(Sacks, 1995, Fall, 1967, p.622. 強調は私による)

キーポイント

- データの中で何が起きているのかを理解する上で、研究者自身の知識の役割を認めたとしても、それで、参加者たちが実際に行ったり話したりしていることを検討するのが分析の中心課題であるということを否定することにはならない。
- 相互行為におけるローカルな文脈に焦点をあてても、それで、権力や不平等といったより広いテーマや概念を無視することにはならない。むしろ多くの場合、権力や不平等といった問題について、これまでとは異なった形で考えられるようになるし、おそらくは違った問いが生まれるきっかけにもなる。

さらに学ぶために

以下の著作では、本章のトピックがより詳細に検討されている。

Rapley, T. (2015) 'Questions of context: Qualitative interviews as a source of knowledge', in C. Tileaga & E. Stokoe (eds.), *Discursive Psychology: Classic and Contemporary Issues*. London: Routledge, pp. 70-84.

Schegloff, M. (1997) 'Whose text? Whose context?', *Discourse and Society*, 8: 165-87.

Wetherell, M. (1998) 'Positioning & interpretative repertoires: Conversation analysis and post-structuralism in dialogue', *Discourse and Society*, 9: 387-412.

訳者補遺

綾城初穂 (2015)「ポジショニング理論によるクライアントの語りの理解」 鈴木聡志・大橋靖史・能智正博 (編)『ディスコースの心理学——質的研究の新たな可能性のために』ミネルヴァ書房, pp. 155-173.

西阪仰 (1990)「心理療法の社会秩序 I ——セラピーはいかにしてセラピーに作り上げられていくか」明治学院大学社会学部附属研究所年報, 20, 1-24.

好井裕明・西阪仰・山田富秋 (編) (1999)『会話分析への招待』世界思想社

9章　ドキュメントを探究する

何がそこにあるのか（何がそこにないのか）を考える
事例を検討する
論点を広げる
誰にとっての問題か、誰にとっての解決か？
いままでの歴史を考える
まとめ

この章の目標

- ドキュメントやテクストの分析に取り組むための、いろいろな方法を理解する。

- 「独立したテクスト」あるいは「テクストそれ自体」について、さらに知る。ここでは、そのテクスト自体の社会生活が分析の対象となる。

- テクストに取り組む上で可能ないくつかの方法について理解し、その際に適用可能な幅広い質問や方策を知る。

- 「分析態度」に自覚的になる。それは、テクストがどのように組織化されているか、テクストが私たちにどのように語っているか、さらに現代の諸々の制度がどのように組織化されているかを理解するために、どのように探究を始めたらよいかを理解するのに役立つ。

157

何がそこにあるのか（何がそこにないのか）を考える

テクストを探究するとき、しばしば、**何が言われているか**——そして、特定の議論、考え、概念が展開されているか——に**焦点を合わせる**だけでなく、それと同じくらい、**何が言われていないか**——沈黙、間隙、省略——に**焦点を合わせる**ことが重要となる。何を言いたいかわかってもらえるよう、私の地元の無料新聞に掲載されていたデート広告を見てみよう。

- **魅力的な淑女（レディ）**　中肉中背、5フィート5インチ、思いやりがあり、優しく、ユーモアセンスあり。紳士（ジェントルマン）との長期交際希望。動物好き、食事やお酒をたしなむ社交好きな方。（*Newcastle Herald and Post*, 2004）

まず注目したいのが、明らかに女性の年齢に関する言及が欠けていることである。この広告には、彼女の年齢を知る手がかり——たとえば「若い」といった言葉や、「32」といった数字は何もない。また、彼女が出会いたいと願っている人物の年齢——たとえば「35〜40歳の男性希望」とか「40以上」——に関する手がかりもない。これがあれば、彼女の年齢層について、読者は何らかの手がかりを得られたかもしれない。

要するに、このテクストは「年齢」について沈黙している。もちろん、他にも話されていないことがある。実際、「ここにない」ものは無限にある。彼女の靴のサイズも、定期的に医者に通っているかどうかも、オリンピックのメダルを目指したことがあるかどうかもわからない。とはいえ、デート広告という文脈や私たちのデートについての文化的知識から見れば、ここでポイントとなるのは、おそらく、**年齢**について**省かれていることがこのテクストの明らかな特徴**であることだろう。この新聞に掲載されている他のデート広告を見てみると、その大多数——121件——には、自分の年齢か、あるいは出会いたい相手の年齢について何かしらの言及がある。年齢について何も触れていないのは、たった11件だけである。たいていは、こうした新聞広告に年齢が書いてある

158

ことを期待するものだ。それによって返答しようか否かが判断できるからである。もちろんこうしたことは、だいたい自分と同じくらいの年齢層の人とデートしたがるのが普通だという、私たちの文化に共有する知識や期待と結びついている。

　さて、彼女の年齢に関する手がかりが何かないだろうか？　ここでは、文脈を考えることが役立つかもしれない。もしこの広告が特定の年齢層向けの新聞や雑誌に掲載されているのであれば——60歳以上をターゲットにした出版、あるいは20代向け——この人物がそのターゲット年齢層であるか、あるいはその年齢層の人と出会いたいと思っているとわかるだろう。このケースの場合は、地方紙で、無料で、新聞媒体であり、他の広告は全年齢層をカバーしている。もう一つ手がかりとなるのは、彼女が実際に選んだ描写表現に着目することである。注目したいのは、彼女が自分を淑女（レディ）と記し、かつ「紳士（ジェントルマン）希望」と書いている点である。淑女（レディ）と紳士（ジェントルマン）は同じカテゴリーに属するので、彼女の年齢について多少はっきりとした読みができる。こうした文脈では、「淑女（レディ）」や「紳士（ジェントルマン）」を、ティーンエイジャーあるいは20代や30代と理解することはあまりない。また、ここで記されている言葉は「若い女性」でも「成熟した女性」でもその別バージョンでもないし、彼女が探しているのは「若い男子」でもただの「男性（マン）」でもない。ここで私たちは直感を得る。この女性は——私たちの文化的能力に照らして——、言うなら40歳以上ではないだろうか、と。淑女（レディ）や紳士（ジェントルマン）は、「教養がある」「礼儀正しい」「文化に親しむ」といった行動や趣味と結びつけられやすい。こうした特徴は、現代の若者文化からはほど遠い。もちろん、こうした記述なり行動なり趣味なりは、どの年齢の人々のものでもあり得るが。

　ここで、このテクストの別の要素がどうこの意味づけをより強固なものとしているか（あるいは、**崩壊**させているか）に焦点をあてれば、さらなる読みが可能となる。たとえばこの女性は、単に紳士を希望しているだけでなく、長期交際を希望している。つまり彼女は、「情熱的な夜を過ごす紳士」を探しているのでもなければ、「浮かれ楽しむマッチョな紳士」を探しているのでもない。このような描写の要素は、潜在的には、互いに相反するものである。一般に紳士が「情熱的」とか「マッチョ」にふさわしいだろうか？　彼女が探している

9章　ドキュメントを探究する　159

のは「長期」「交際」である。これらの「長期」「交際」「紳士」「淑女」という
記述はすべて、「教養がある」といった概念を生み出すことに結びついている。
ここで、彼女が自分のことを「思いやりがあり、優しく」と記述している点に
も注目してほしい。こうした記述もやはり、ここまでの読みと結びつくし、こ
の読みを強めてもいる。また「殿方」が「お酒をたしなむ社交好きな方」でな
ければならないと書かれている点にも注目したい。つまり、カップルになった
場合、クラブ通いはしそうにない。「お酒をたしなむ」という表現は、お茶や
コーヒーではなくお酒を飲むが、それは節度を守ってのことで、要するに「教
養がある」ようなやり方で飲みます、ということだと受け取ることができる。

　このようにして、このデート広告をさらに深く検討していくことも可能であ
る。この新聞に掲載されている 132 件のデート広告すべてを研究することも
できるし、「年齢」に関する制度がそうした広告すべてにおいてどのような特
徴を持つか、「年齢」がどのように機能しているかについて、何かしら主張す
ることもできる。年齢についてはっきりとは書いていないデート広告に絞って、
年齢がどのようにほのめかされているか（いないか）に焦点をあてる研究も間
違いなく可能だろうし、年齢に**言及すべきではない**場合に、そういったこと
がどのように達成されているかを、年齢に言及する他の広告のいろいろなやり
方を検討しながら研究することもできる。もっと年齢のターゲットを絞ってい
る雑誌に掲載されるデート広告や、趣味や特定のライフスタイルに関する媒体
に掲載されるデート広告を検討し、その役割を見ていくこともできる。できた
ら読者の皆さんには、私がこの短いテクストに**沿い**ながら、またそれに**対抗**
した読みを行ったことや、また、さまざまな要素がどのように共同作用する
かに注意したことに、気づいていただければと思う。

事例を検討する

　テクストを研究するとき、**テクストのレトリック上の作用**にも関心を向ける
ことになる。つまり、そこで提起された特定の話題がどのように構造化され、
組織化されているか、特に、その話題の理解のしかたを**どのように説得**しよ
うとしているかということである。次に、新聞記事からの短い抜粋を取り上

げてみよう。そのタイトルは、「『おしゃれな』アルコール入り飲料の新しい流行、ティーンエイジャーの過剰飲酒を加速」である。

　　ティーンエイジャーは過剰飲酒の「流行」にはまっており、ここ10年で飲酒量がほぼ2倍になるという深刻さである。本格的なクリスマスシーズンが始まるにあたって、健康の専門家は警鐘を鳴らしている。

　　先週公開された各種数値から、11歳から15歳のアルコールの平均消費量は1990年には1週間あたり5.3ユニット^[訳注*]だったが、昨年は1週間あたり9.8ユニットと急増したことが明らかになった。飲酒する15歳の86％で、男子は平均13.8ユニット――これはビールに換算すると7パイント^[訳注**]に等しい――、女子は10.7ユニットであった。これらは1晩から2晩の間に消費されている。

　　「ここからわかるのは、過剰飲酒が流行っているということである。」アルコール研究所（IAS）のアンドリュー・マクニールはこのように述べる。「15歳になるまでに、酔いつぶれることが社会的活動の中心になっている。」保健省が実施した285校の学校を対象とした調査にもとづく新たな研究で、こうした傾向をもたらしたもっとも可能性の高い原因として指摘されたのが、アルコポップ、すなわち、フレーバーアルコール飲料（FABs）である。

　　飲酒するティーンエイジャーの数は劇的には上昇していないが――過去1週間に飲酒した11歳から15歳は全体の26％であり、1999年は21％である――、一方で、この種の飲料の人気は急上昇している。過去1週間に飲酒した子どもの約68％がアルコポップを飲んでいるが、この数値は3年前の37％と対照的である。この上昇によって、アルコポップはサイダーやビールと同水準の摂取量となった。

　　おそらくもっとも問題なのは、飲酒する10代女子の77％がフレーバーアルコール飲料を選んでいるという点である。「アルコポップが出てきたことは、飲酒する子どもの数には影響を与えていないようだが、飲酒量全体の増加には影響している」と先の報告書は付け加えている。（Hall, 2002, *The Guardian*）

［訳注*］1ユニットは100％アルコール換算10ミリリットル。
［訳注**］1パイントは約0.57リットル。

9章　ドキュメントを探究する　｜　161

まず何より最初に注目したいのは、この記事が参考にしている**知識とエビ**
デンスのソースの範囲が、健康の専門家による警鐘と保健省の調査結果、ア
ルコール研究所の人物だという点である。このように、この記事は、知識に関
して少なくとも３つの異なった権威あるソースが参照されている。しかし、保
健省の報告書がアルコール研究所によって作成されたものなのか否かという点
や、健康の専門家集団を構成するのは一体誰なのかという点に関しては不明瞭
である。記事後半を見てみると、記事が参照したソースとして、他に次のよう
なものが挙がっていた。

- 学術界 ── 肝臓学の教授と循環器学の教授
- ビール業界 ── 広報担当の女性、取締役、特に肩書きが明示されていない
  人
- 慈善団体 ──「アルコールコンサーン」〔イギリスの非営利団体〕の最高
  責任者、ポートマングループ〔イギリスのアルコール飲料業界団体〕の政
  策室長
- 政府 ── 保健省の元大臣

　このように、「利害関係者」「公平な立場」の人たちに幅広くあたることで、
この議論に関わる潜在的な領域が探索され、概観されている。それゆえ、この
テクストは比較的バランスがとれているように見えるし、ジャーナリストや新
聞（そしてジャーナリズム全体）は「中立的」な単なる第三者で、議論を報じ
ているにすぎないように見える。ここで注意していただきたいのは、関係して
いる可能性がある他の声 ── 子どもの家族や、警察や教会 ── への言及がない
点である。この記事でティーンエイジャーを語るのは、比較的知識を持ってい
る特定の人たちである。
　さらに、私たちが飲酒するティーンエイジャーについて、どのように知るよ
うになるのか、つまり、そこで用いられる**知識やエビデンスの形態や様式**に
も注目してほしい。読者はただ単に、ティーンエイジャーに過剰飲酒の問題
がある、と言われているわけではない。むしろ問題の構造を示されているので
ある。アルコールのユニットに関する統計や数値が（パイントで表したもの
も）いろいろ示されるだけでなく、専門家の逐語的な発言や、保健省の報告書

からの直接引用も示される。さらに注目したいのが、専門家の紹介のしかたである。たとえば、「アルコール研究所（IAS）」の職員とか広報担当者とかではなく、「アルコール研究所（IAS）の**アンドリュー・マクニール**」と紹介されている。「過剰飲酒が流行っている」というのは彼のコメントにすぎない。記事の最初に使われた「流行」という言葉には引用符がつけられており、新聞はこの主張をした本人と距離を置いている。また、ここで引用されている研究も「… 学校の調査」にもとづくものではなく、より正確に「**285校の学校を対象とした調査**」と書かれている。要するに、読者が何にもまして受け取るのは、数字の力であり、統計にもとづく科学的分析であり、何が起こっているかの（信頼がおける中立的な立場の）専門家の声なのである。

論点を広げる

　当然ながら、この新聞記事は、他にもいろいろな方法で検討していくことができる。たとえば、この記事や他の記事が、議論に関係するさまざまな立場を示しながら、どのように「中立的」で「バイアスがない」よう作用しているか──つまり、どのようにして「その出来事の事実」だけを提示するよう作用しているか──に焦点をあてることができる。私がそうした分析を行うとすれば、中立性のベールが明らかにずり落ちる瞬間に焦点をあてたいと思う気もする。たとえば、アルコールの消費量の増加を「上昇」とか「増加」とか言わず「急上昇」と表現している点などに注目するだろう。このように、描写が決して中立ではなく、世界についての特定のバージョンないし理解を生み出しているという点を見て取るのは、それほど難しいことではないし、本書の関心の一部はまさにその点にある。

　たとえば、マイケル・ビリッグ（Billig, 1995）は、世界についての一つの特定のバージョンが、非常にありふれた、見えていても気づかれないようなしかたで日常生活にいかに埋め込まれているかを、イギリス愛国主義の分析を通して検討している。彼はある一日に印刷されたイギリスの全国紙10紙の「一日サーベイ」を行った（これらの10紙は計1300万部発行され、国内発行部数の97％を占める）。彼は、国民的祝賀や選挙キャンペーンが予定されていない

9章　ドキュメントを探究する　│　163

日を選んだ。焦点をあてたのは、天気予報、家庭欄、スポーツ欄が、どのように国家という考えを（再）生産しているか、要するに、日常的なことが我が国の継続的な「弱体化」をどのようにして思い出させているか、であった。実際、天気予報は「よその場所」や「世界の他の場所」について述べるし、スポーツ選手は国家のために戦う栄光を手にすることへの個人的犠牲について語る。ビリッグが示したのは、特定のアイデンティティを（再）生産する、このような「陳腐な愛国主義」が、いかに私たちの生活に日常的に見られるかであった。

また、「過剰飲酒のティーンエイジャー」や「過剰飲酒」といったアイデンティティないし主体ポジションが、さまざまな異なるテクストを通して、どのように問題として、つまりは、懸念される人物として、行動および議論の対象として生産されているかに焦点をあてることもできる。上で挙げた新聞記事の中では、この問題が健康、年齢、ジェンダーといった構造と結びつけられていた。ここで特に注目したいのは、最後の段落で10代の少女たちが一つの新たな問題形態（あるいは中核的問題形態）として取り上げられていることである。そこで次のように問えるだろう。**テクストの中で、どのようにして特定のアイデンティティが生み出され、維持され、扱われているのだろうか？**

「若い女性」に関連してのものであるが、私が見つけた別の記事にも、同じ構造が探究されていた。記事の見出しは「過剰飲酒——それって自分たちのこと？」というものである。記事では、若い女性の言葉が引用されている。

> 21歳の学生であるモリーは、自分が過剰飲酒だという指摘にショックを受けている。「一晩にワインを3杯、1ヵ月に4、5回以上飲んだら、それは過剰飲酒なの？　過剰飲酒じゃないわ。それは社会生活っていうものよ。少々のアルコールは人生を明るくする。確かに飲みすぎる人たちもいるけど、そういう人たちが特別に考慮されるべきであって、男子と同じように、笑って過ごしたいだけの普通の女の子にスティグマを積み重ねるべきじゃないと思うわ。」（Asthana & Doward, 2003, *The Observer*）

先に挙げたのとは対照的に、この記事では「過剰飲酒」とカテゴライズされた人たちからのエビデンスが探索され、過剰飲酒という新しい主体ポジションの構造に疑義が呈されている。モリーの話は、過剰飲酒ディスコースで繰り返

される特徴をまとめている。そこには、次のようなものが含まれる。

- どれくらいの飲酒量が「普通の飲酒」や「笑って過ごす」ものとして、どれくらいの飲酒量が「問題」として理解されるべきか、という議論。
- アルコールは自分にとって良いもので、「本当の」問題となるのは少数の人たちだけである、という議論。
- 男性がいつもしていることを女性がした場合、いかにスティグマ化されるか、という議論。

　この分析を広げて、若い女性とアルコールという組み合わせが、いかに社会における女性の立場に関するより広い論争の一部であるか、という問題に焦点をあてることもできる。女性と過剰飲酒に関するディスコースはしばしば、明示的に、あるいは暗黙のうちに、酔った女性を利用しようとする男性への恐怖や、公的生活におけるモラルの低下という考えとともに、アルコールが獲物を追う、性を強調した、「女性らしくない」女性性を生むという仮定に依存している。これは一部、女性は性に積極的であったり自立的であるべきではないといったディスコースに乗っかっているのだろうか？

　最後に、この記事や他のテクストを検討して、過剰飲酒を「問題」として構造化しているいくつかの前提を見出していく方向性を提案しておこう。この場合、こう問うことができる。これは医療上の問題だろうか？　公衆衛生の問題だろうか？　公の秩序の問題だろうか？　こうした問題が絡み合ったものなのだろうか？　ある問題について提起されるであろう潜在的解決の範囲を規定するのは、その活動やそのグループを「問題」とした構造化の過程そのものや、その問題を名づけて描写した人々である。このことを念頭に置いた上で、いくつかの学術的なテクストに対する私の取り組みを概説したい。ここで取り上げるのは、一般開業医（GPs）にアルコール関連のアドバイスを行ってもらうにはどうしたらいいかという「問題」を明らかにしようとした学術テクストである。

9章　ドキュメントを探究する　165

誰にとっての問題か、誰にとっての解決か？

　一般開業医が診察場面でアルコールに関してどのように話すかを検討するプロジェクトの一部として、私はこの問題に関する学術文献を調べることにした。幸運にも、同僚の一人が、プライマリケアにおいてアルコール問題に介入する特別な方法——短期介入（brief intervention：BI）と呼ばれる方法——の実施を試みる研究を数多くしていた。そこで、このトピックを探究する手始めとして、私は彼女の研究室に行き、ファイルが入っているキャビネットを探索していった。過去20年にわたって世界保健機関（WHO）の資金提供を何度も受け、学術界は短期介入の開発、評価、実行を進めたため、膨大な数の短期介入に関する研究論文に私は直面することになった。彼女の膨大なアーカイブを探索するために私がとった解決策は、「A」で始まる姓の著者の論文をすべて見ていくことから始め、順に一つずつそれらのテクストを読んでいくことであった。

　私は毎日同僚のキャビネットに出向き、新しい論文を引っ張り出し、コピーをとり、座りこんでそれを読み、あるいは読み返して、関係することをノートにとった。最初のうちは、論文の中で短期介入がどう語られているか、論文が取り上げている議論や問いの全体的な方向性についての感覚を持つため、これらの論文をひたすら読んだ。それから、論文全体が互いにどのように関係しあっているか——つまり、繰り返し提起される全体を貫く問題は何か——について考えるよう努めた。確か「G」か「H」まで行ったとき、論文数にして30本か40本くらいだったと思うが、それらのテクストの中で何が問題となっているのかが見えてきた。そこで、この時点からは、この直感を探りつつ確認する目的で、他の論文を見ていった。

　ある問題が——私を魅了し、分析上の恩恵ももたらしそうに見えた問題の一つであるが——、多くの短期介入論文で取り上げられていた。最初に私がこの問題に気づいたのは、読んでいる論文の多くが非常に似通った導入部分を持っているとわかったときであった。下記は、短期介入論文に見られる、典型的な導入部である。

166

近年の効果研究から、プライマリヘルスケア場面における短期介入が危険な飲酒を著しく減少させるという圧倒的なエビデンスが報告されている。こうしたエビデンスがあるにもかかわらず、ほとんどの一般開業医は、患者と飲酒について話し合うことがないか、はっきりとした依存の兆候が見られた場合にのみ対応するにとどまっている。(Adams et al., 1997, p.291)

　注目したいのは、こうした陳述に述べられているコントラストである。一方では、このスタイルの介入の提供が問題となる飲酒の「減少」を促進するという「エビデンス」があるとされる。そしてもう一方では、一般開業医が「飲酒について話し合うことがない」か、過度な飲酒問題をかかえた特定の患者集団に対してしか、対処しないと主張されている。さらに、これは単なるエビデンスではなく、「**圧倒的な**エビデンス」であり、加えて、単に飲酒の減少を示すだけではなく、飲酒を「**著しく減少させる**」ものとされている点に注目してほしい。

　ここで論じられているのは、短期介入に関するエビデンスがあるにもかかわらず、今のところ一般開業医はそれを実行しようとしていないか、あるいは実行できていないということである。また、こうしたテクストでは、一般開業医は短期介入を実行する上で「適切な位置」におり、患者は「生活習慣に対する助言を期待している」と指摘されている。こうしたテクストでは多くの場合、エビデンスと実践の間の明らかな不一致に対処しようと、アルコールやその関連問題に対する一般開業医の態度や経験、マネジメントに焦点をあてている。それゆえ研究のねらいは、一般開業医との研究を通して、なぜ一般開業医が短期介入をしないでいるかを研究者が理解し、一般開業医に短期介入を行うよう奨励する方法を見つけることにある。簡単に言えば、テクストで**問題**とされているのは、次のようなことである。私たちはこれがうまくいくことを知っているし、これがうまくいくことを示してもいる。しかし、彼らはまだそれを行っていない。よって、なぜ短期介入をしないのかを理解し、それをするよう彼らを説得する方法を発展させることが**解決策**となる。

　ここで重要なのは、**このテクストの前提が何であるかを問うことである**。このテクストの前提の一つは、一般開業医がエビデンスを「圧倒的」なものであることを理解し、危険な飲酒の減少が「著しい」ことに同意するだろうとい

9章　ドキュメントを探究する　│　167

うことである。そこで、次のように問うことができる。このエビデンスは、誰にとって「圧倒的」なのか？　そして、誰にとって減少が「著しい」のか、一般開業医にとってか、この研究コミュニティにとってか？　もう一つの前提は、これは前提とは言えないかもしれないが、問題は一般開業医だということである。ここでさらに、これを別様に考えてみてもよい。いうなれば、**このテクストや議論を懐疑的に読み、誤読するのである**。誤読という表現で私が言いたいのは、テクストの議論をそのまま受け入れるのではなく、それについて繰り返し論じあい、その議論のたどる筋道に疑義を呈することである。そうすることでたとえば、上述したテクストが「日々の一般診療における短期介入の実施」（Aalto & Seppa, 2001, p.431）といったトピックに関わるものとしてではなく、**日々の短期介入における一般診療の実施**という別の方向性に関わるものとして、見ていけるようになる。この場合、問うべき質問は、「なぜ一般開業医は短期介入を用いないのか」ではなくなる。そうではなく、「**なぜ短期介入は一般開業医を活用したいと思うのか**」を問うことになる。

　こういうふうに見ていくと、この種のテクストについて別の理解や、別の読み方、別の分析のしかたが見えてくる。この時点で私が関心を持つようになったリサーチクエスチョンは、なぜ彼らは、**研究プログラムを実行する上で、一般開業医を選んだのか**といった問いであった。そこで、このリサーチクエスチョンに対する答えを見つけるために、先述した論文のアーカイブに再度戻ることにした。最も初期の「なぜ一般開業医を活用すべきなのか」への言及は、実際に「なぜプライマリヘルスケアを活用すべきなのか」の点から提起されていた——そこでは、一般開業医はプライマリヘルスケアの一部として取り上げられていたにすぎなかったのである。この論文に書かれていた、プライマリヘルスケアを活用する論拠は、大筋次のようなものである。「主な選択理由は、**さまざまな場面や文化集団に比較的容易に応用できる**モデルから始める必要があったためである」（Babor et al., 1986, p.25. 強調は私による）。ここで言われている「主な選択理由」とは、一般化を目指す研究プログラムにおいてプライマリヘルスケアが**便利な文脈**であったということであり、プライマリヘルスケアが特別な何かを特に提供できるからということではない。この意味で言えば、プライマリヘルスケアは基本的に医療活動空間であって、医療の知識や専門性は、せいぜい二次的なものにすぎなかったわけである。

テクストでは、プライマリヘルスケアの場面を活用することの利点として、他に大筋次のようなことが書かれていた。

- アルコール問題は、死亡率や罹患率、家族問題の大きな原因となっている点で、プライマリヘルスケアを利用する人々にとって重要な問題と関係している。
- 「既に開業しており、地域住民へのアクセスが容易であり、原則として個々の医師のスキルに依拠するため、アルコールの専門家を必要としない」（Babor et al., 1986, p.25）点で、プライマリヘルスケアの利用は低コストな解決策となる。
- プライマリヘルスケアは、診療場面が類似しているため、効果的な介入の追試が容易である。

確かに一番目の、アルコールが身体的にも社会的にも地域住民の健康に害を及ぼすというポイントは、一般開業医やプライマリヘルスケア一般の目的から見ても、中核的なものと言えよう。しかし、プライマリヘルスケアが安価で、アクセス可能なはたらきかけであり、再現可能性のある研究を行いやすいという点は、そのような場面が提供する医療の専門性と直接結びつくものではない。アルコール問題に関する先のディスコースと対照的に——このディスコースでは、医療は問題に「疾病モデル」にもとづいて取り組むべきであり、つまりは「医療の専門家」という役割を通して問題に取り組むべきである、と強調される——、ここでは行動上の要請がまったく変化している。短期介入の枠組みでは、一般開業医は「単に良い位置にいるだけ」である。

この分析で示してきたように、読者に、テクストの中に埋め込まれた前提に懐疑的に取り組むことに価値があることに気づいてもらえるとうれしい。また、特定のディスコースの「誕生」と発達をたどり、問題に関する別の読みや、別の解決策を提示することもまた有益である。

9章　ドキュメントを探究する　169

いままでの歴史を考える

　テクストに関する分析の中には、何らかの概念や実践、あるいはアイデンティティがどのように生じ、どのように変化し、どのような変遷をたどり、そして私たちが今日知っているような比較的安定したものになったか、という点に焦点をあてるものもある。こうした分析では、私たちの誰もが当然のこととして受け入れている概念・実践・アイデンティティがたどった（歴史的な）経路を理解・描写しようとする。こうした「いままでの歴史」を紐解くと、私たちが当たり前に受け入れていることが、実はしばしば複雑で、解きほぐしがたい始まりを持っていたことに気づかされる。たとえば、メイ（May, 1997）は、次のように述べている。

　　　前世紀（19世紀）の始め頃は、薬とアルコールは人間に関する新しいカテゴリーを作り出すものとして、同じ括りで考えられていた。しかし1850年代までに「アルコール中毒」というラベルが用いられるようになった。・・・イギリスでは ・・・ 酒に酔っぱらうことは、大部分の人々が経験する標準的な状態ではなくなり、合理的な分析が可能な「問題」となった。（1997, pp.170-171）

　習慣的飲酒は、もはや単なる「罪」や公序良俗における問題として理解されるものではなくなった。今や習慣的飲酒は、身体的な病気と精神的な病気の両方と常に結びつけられるものとなり、多くの場合、特に**中毒**として、さらに最近では自己コントロールの問題として、より端的には**依存**として扱われるようになった。現在、この習慣は「アルコール誤用」「アルコール乱用」「アルコール依存」「アルコール依存症」と名づけられ、さまざまな科学的・医学的・心理学的分野の専門家の「合理的な分析」に開かれている。本章で紹介している研究スタイルでは、なぜ私たちがまさにこのようなやり方で行為しているのか、なぜ一部の集団だけが他者を理解し、他者に影響力を及ぼしたりできる知識と権力を持っているか、と問う。ここで重要なのは、こうしたディス

コースがたどってきた経路を描こうとすることである。この際、重要なのは、「私たちの現在」をもたらした道筋のみならず、受け入れられずに捨てられた、あるいは「間違っている」とされた道筋をもたどることである。

　こうしたスタイルの研究を行う場合、歴史的性質から考えれば自明のことではあるが、ドキュメントを用いてトピックや問いを検討することが多い。とは言っても、そのときの「歴史」は最近の過去に生じた何か、たとえばエイズといったものに焦点をあてることもあるし、ドキュメント以外の媒体がソースとなることもある。また、この種の研究では、一つのテクストを非常に細かく分析するよりも、いろいろなテクストを幅広く分析することで、あるテクストが生じたり、強固になったり、他のテクストと競合したりする中で見えてくる「思考のスタイル」を示そうとする。たとえば、アルコール依存の歴史的な出現過程と現代のジレンマに焦点をあてたメイ（May, 1997）の研究では、1804年に書かれた酔っぱらいについてのエッセイ、1917年に出版されたシェルショックに関する書籍、依存症の歴史に関する現代の学術研究、依存症の治療に関する心理学研究など、幅広いテクストが検討されている。これらのテクスト全体を通してメイがたどろうとしたのは、依存症を医療化することが部分的にしか成功しなかったのはなぜか、ということであった。そして、彼が主に示したのは次のことであった。

　　依存症についての医療概念が構築されることで、依存が単なる社会問題ではなく、医療単体では理解することの難しい問題だと見なされるようになった。… 医師は、依存状態を「診断」するかもしれないが、その回復に寄与するには力不足なのである。なぜなら、依存は患者のモチベーションや意志に依拠するものだからである。（1997, p.397）

　要するに、患者が「依存」というアイデンティティを拒否すれば、その人に対する医療の影響は相対的に弱くなってしまう。とはいえ、もし仮に患者が「依存」というアイデンティティを受け入れたとしても、依然として医療は相対的に弱い影響力しか持たない。なぜなら、医療は患者のモチベーションに頼らねばならず、患者を「励ます」ことによってしか効果が見込めないからである。ここまで紹介してきた研究スタイルがドキュメントをどう用いるかを探る

9章　ドキュメントを探究する　│　171

ために、ここで一つ例を示してみたい。

事例研究 ── 医師の「精神」と「身体」の発見

ゴットヒルとアームストロング（Gothill & Armstrong, 1999）は、一般開業
医たちがアイデンティティや活動目的について感じる危機に関する歴史を、テ
クストの分析から検討した。イギリスの一般開業医たちが危機としてしばしば
挙げたのは、その多くが、政府の規制が増えることによる専門職としての自律
性の喪失や、ストレスやメンタルヘルス上の問題、さらに薬物依存や自殺まで
考えさせられるような患者側の過度な要求の増加といったことと関連していた。
著者たちはこうした今日のジレンマについて新たな見方を提示したいと考え、
自明と考えられている一般開業医のアイデンティティ概念に焦点をあて、再
検討することにした。彼らは、「人間主体としての医師という存在を構築した
ディスコース実践を説明」（1999, p.2）しようとした。

彼らが手始めに分析の焦点としたのは、1955年に医学系ジャーナル『ラン
セット』に掲載された「医師、患者、そして病」というバリントの論文であっ
た。その他にアーカイブされたテクストは、彼らが「一般診療論文」と呼ぶ、
1955年から1997年までの雑誌論文や書籍であった。彼らは次のように述べて
いる。

> 医師–患者関係に関してはもっとずっと多くの論文があり、そうした論文
> の大多数は社会科学領域にあるのは確かである。しかし、本研究の目的上、
> 私たちはテクストを一般診療論文に属すると認められるものに限定し、当該
> 領域外の解釈や見方ははずすことにする。（1999, p.11）

このように彼らのアーカイブは、時間的にも領域的にも非常に限定されたテ
クストからなっていた。このようにディスコースを検討する範囲を厳密に限定
することは、この種の研究ではあまり一般的ではなく、彼らのプロジェクトの
現実的な要請を反映したものと考えられることを付け加えておいた方がよいだ
ろう。

彼らは、これらのテクストを通じて医師の主体性がどのように形成されて

きたかをたどり、描写していった。そして彼らは、それを3つの段階──発端、精緻化、統制──に分けた。ここでは、これを3つの時期に分ける。

1950 年代

バリント（Balint, 1955）の「影響力のある」論文に焦点をあてることで示されたのは、患者の「精神」「内的」あるいは「プライベートな生活」が、医師による正当な検討対象となる過程であった。バリントが述べているように、「患者は心理テストを受けたいと思っていただけでなく、それを要求もした」（1955, p.685）。このように、精神分析的なテクニックが診察の中に入り込み、患者の私的な経験が、医師の専門性にとって必要な潜在的資源となった。ゴットヒルとアームストロングはこう述べている。バリントの論文の大半は、

個別の患者と出会う中で生じる倫理的なジレンマに関係していた。つまり、何が見るべきもので、何を見ずにおくか、何を言うべきで何を言わずにおくか、何を整理されたままにしておき、何を未整理なままにしておくかを見定めることに関係していた。（1999, p.3）

こうした倫理的ジレンマに直面して、医師は、人格を持たない、集合的な、医療のまなざしの一個の結節点であるというより、「個人－主体」となる。一つの解決案が、「バリントグループ」を形成することだった。そこは、医師のグループが特定の事例を議論し──診察さえし──、そのテクニックが鋭敏に、そして親密さをもって機能するようどのように用いるかを学ぼうとするところであった。このグループに属する医師たちは「脅迫的な解釈」や「個人的関係と専門的関係の間の交差汚染」（1999, p.4）を避けることを学習するよう求められた。診察後に行う検討会において、グループのファシリテーターが担う役割は、医師や患者の「内的生活」を過度に探究することではなく、医師と患者の間の関係性に焦点をあてることにあった。グループ自体は、診察室での言動を評価する客観的「第三者」として振る舞った。ゴットヒルとアームストロングは、次のように述べている。

バリントグループの「臨機応変で客観的な」第三者は、自己意識をもった

9章　ドキュメントを探究する　173

専門家としての医師という新しく分断されたアイデンティティの中に隠れて、診察室の中に入り込んでいったと言ってもいいかもしれない。(1999, p.5)

1960 年代と 1970 年代

ゴットヒルとアームストロングが次に焦点をあてたのは、現れた多様なテクノロジーが、いかにこれらの新しい医師−患者実践を理解し、検討し、名づけたかを示すバリントの主張を拡大したテクストであった。この新たな関係性は、「疾病中心」から「人間中心」の医療への移行と名づけられた。ある研究は医師−患者の診察を録音・逐語化し、診察のスタイルと技術を「医師中心」と「患者中心」として描写していた。ゴットヒルとアームストロングは次のように言う。

以前は医師によって定義されていたたぐいの対象（たとえば、疾病や患者）を定義した用語が、事例を検討する人自らの見解を示すものへと変化し、それゆえ、その人の性格についての何か、つまり、その人の見方を明らかにするやり方へと変化した。(1999, p.5)

ある診察のスタイルでは、解剖的側面や生理学的側面を検討する言語に重きが置かれ、他のスタイルでは、生活史や心理面を検討する言語に焦点が置かれた。ここで重要なのは、近年の考え方とは異なり、どちらのアプローチも大なり小なり患者を「エンパワー」しているとは見なされていない点である。当時は、どちらの診察を好むかの問題であった。しかし、人間／患者中心のスタイルを実践し支持する人たちは、他の人たちより「人道的」だとして自分たちを差別化し、自分たちはより「人間的」だとすることができた。今や医師は、患者の「内的世界」を探究する特別の道具と技術を持つに至ったが、自分自身の内面に取り組む者はいなかった。

1980 年代と 1990 年代

ゴットヒルとアームストロング（Gothill & Armstrong, 1999）が次に概観したのは、テクストがどのように医師−患者関係から「診察そのもの」へと、研究の焦点を移行し始めたかであった。診察場面では、特定の診察技術を研究

174

し、学び、実行することができる。医学生たちは、録画した診察場面を視聴し、フィードバックセッションで「専門家」たちと議論することで、こうした新しいスキルを学ぶことができた。このようにして、医師たちはより「効果的」になることを学ぶことができた。ゴットヒルとアームストロングは次のように説明する。

> この過程の客観的相関物[訳注]は、所定のスタイルの象徴的表象の創造であった——テレビ画面で見るような医師イメージであり、これは学ぶ手段というより、それ自体が目的となった。それは医師による、他の医師による見方に対する、医師の創出であった。バーンとロングの研究の中で声を得た医師は、スクリーンの仮想的なイメージにもかかわらず、今や身体を発達させるまでに至った。医師は、観察し、それから学び、コントロールする「自己」を注視することから奇妙にも乖離した、コミュニケートする対象となった。(1999, p.8)

　それからゴットヒルとアームストロングは研究の焦点を、医師が患者を診察する際に持ち込む「内的」ないし「心の中の」会話を概観する別のテクストへと移した。つまり、「混乱した自己観察と批判」(1999, p.8) に掻き乱された存在としての医師である。このテクストでは、医師の身体、正確には左手の各指もまた、診察の中で鍵となる諸事項を取り上げるのを忘れないようにする特別な「チェックポイント」として使われる。また、医師の感情も秩序化された。診察に建設的にはたらかないような感情——苛立ちや利己主義——は除外され、その他の感情——直感や応答性——は良しとされた。こうして新たに、自覚的で自己モニタリングする医師が現れ、医師の思考や感情が、「良い」実践の定義や外的評価の中心に位置づけられるようになった。
　ここまで見てきたように、このような研究スタイルは、ディスコースによって作り出された言葉を、1行1行、1言1言、精細に検討することにはあまり力点を置いておらず、むしろ特定の推進力の軌跡の中心的な方向性と移行を概観する。彼らの研究は、相互に関連する次の3つの考えを概観している。

[訳注] T. S. エリオットの用語で、ある感情を喚起させる外的対象や出来事。

9章　ドキュメントを探究する　175

- 身体を持たず非人格的に行うものとされていた臨床行為が、その後変容していき、患者と医師の私的かつ内的な経験に焦点があてられるようになった。
- こうした変容過程の中心には、「告解」グループ、ファシリテーター、録音テープ、逐語録、ビデオカメラ、ビデオプレイヤー、コミュニケーションの専門家といった、さまざまなテクノロジーがあった。
- 医師と患者のアイデンティティや関係性を変化させたのは、つまりは医師のアイデンティティの危機をもたらす鍵となったのは、医療の外部の権力や支配——政府や要求がましい患者からもたらされるもの——ではない。むしろ個々の患者と医師が彼らの行為、いうなれば彼らの「自己」や他者の行為を、継続的に細かく規定し監視しあう、その過程にある。

　こうした今につながる歴史を提示する彼らの研究は、フランスの哲学者ミシェル・フーコーの著作のいくつかにかなり近い。フーコーの関心の一つは、彼が権力／知と呼ぶ特定のディスコース（本章の場合は、医学的・心理学的ディスコース）によって、いかに特定の主体（本章の例で言えば、一般開業医）が生み出され、形作られ、可能なものとされるかにあった。こうした研究方法で検討できる多くの主体を容易に考えることができる。たとえば、「倫理意識の高い消費者」「糖尿病患者」「ホームレス」とかいったものが挙げられよう。また、これらの人々がどのように「作られる」かを理解する上で参考にできるテクストのソースも、容易に思いつくだろう。

まとめ

　本章ではドキュメントやテクストを用いた研究について簡単な紹介を行ったが、これだけでは、読者が取り組むであろう広大な分析素材や分析過程を適切に取り上げたとはとうてい言えない。とはいえ、私たちが日常的に関わる膨大な数のテクスト——それらは世界を知り、世界の中で行為し、世界に存在し、世界を理解する特定の方法へと私たちを導こうとする——があり、テクストのはたらきを真剣に吟味することが、社会生活における現代の制度についてのす

べての考えにとって中心であることは明らかである。持てる時間のすべてをテクスト自体の研究にあてるにしても、あるいはアーカイブのほんの一部としてテクストを用いるにしても、いずれにせよ私ができる最善のアドバイスは、テクストを読むこと、そして読み直すこと、なかんずく、「懐疑的」に取り組むことである。

▅▅▅ キーポイント

- テクストを分析する上では、何が言われているかに着目するだけでなく、それと同じくらい、何が言われていないか——沈黙、空白、省略——に着目すること、そして、特定の議論、考え、概念がいかに展開されているかに着目することが重要となる。また、テクスト内の異なる要素が合わさって、そのテクストの前提に沿った意味づけをどのようにしてより強固なものとしているか（あるいは、攪乱させているか）に焦点をあてるのも良い。
- テクストを分析する上では、そこで取り上げられているトピックがどのように構造化されたり組織化されたりしているのかといったことや、そのトピックの理解がどのように権威があるものとして説得しようとしているかについても、関心を払うことになる。そこで利用される知やエビデンスの形態や様式とともに、そうした知やエビデンスのソースにも焦点をあてたいと考えるかもしれない。
- テクストが依拠している（また、テクストから排除されている）特定のディスコースを明らかにする場合、そこで生み出され、維持され、議論されているアイデンティティや主体ポジションを明らかにしたいと思うこともしばしばあるだろう。

さらに学ぶために

本章で示したドキュメントの使用について、下記にさらに解説されている。

Edley, N. (2001) 'Analysing masculinity: interpretative repertoires, ideological dilemmas & subject positions', in M. Wetherell, S. Taylor & S. J. Yates (eds.), *Discourse as Data: A Guide to Analysis*. London: Sage, in association with The Open University, pp. 189-228.

Wetherell, M., Taylor S. & Yates S. J. (eds.) (2001) *Discourse Theory and Practice: A Reader*.

9章　ドキュメントを探究する　177

London: Sage, in association with The Open University.

Willig, C. (2014) 'Discourses & discourse analysis', in U. Flick (ed.), *The SAGE Handbook of Qualitative Data Analysis*. London: Sage, pp. 341-353.

訳者補遺

フェアクラフ, N. ／日本メディア英語学会談話分析研究分科会（訳）(2012)『ディスコースを分析する──社会研究のためのテクスト分析』くろしお出版［Fairclough, N. (2003) *Analysing Discourse: Textual Analysis for Social Research*. London: Routledge.］

佐藤俊樹・友枝敏雄（編）(2006)『言説分析の可能性──社会学的方法の迷宮から』東信堂

10章　ディスコースを研究する──おわりに

アーカイブをコード化し、分析し、考える
品質とリフレクションの問題
会話、ディスコース、ドキュメントを分析する諸段階とキーポイント
（最後の）まとめ

この章の目標

- すべてのタイプのディスコース材料をいかにコード化し分析するかについて、幅広い全体像を持つ。
- 分析の品質を問う種々のアプローチを、いかにまとめるかについて知る。
- このスタイルの研究を行う際の、主要な「足がかり」に気づく。

　本書の目的は、会話、ディスコース、ドキュメントを研究する計画、準備、分析に読者を案内することにあった。今や、さまざまな研究プロジェクトを行うことができる、いくつかの可能なやり方についての感覚を持っていただけたことだろう。本章の最後に、読者が自身の研究をする際に考慮したいことに関する「チェックリスト」を載せるつもりでいる。しかし最初に、コード化し、分析し、研究を書き上げる際の現実的な問題について、いくつか一般的なコメントを述べておきたい。

アーカイブをコード化し、分析し、考える

　本書を通して、さまざまな場面で、私は、材料となるアーカイブをコード化し、分析する可能なやり方についてコメントしてきた（より詳細については Gibbs, 2017 参照）。そして、あるレベルにおいて、コード化と分析のプロセスは、まったく「ルーチン」のように見えることがある。目の前に材料を置き、それらを読み、あるいは聞いたり見たりし、繰り返し読みまた繰り返し聞いたり見たりする。それから、いくつかの興味深いテーマないし考え、もしくは、「奇妙」とか「変だ」と思ったことを書き留める。それから、特定の明確なテーマを際立たせるために、テクストのさまざまな部分に対して、コードやキーワードを与えたりメモをつけたりし始めるだろう。それから、絶えざる比較法（constant comparison method）（Glaser, 1965）を適用しながら、繰り返し読む。そこでは、新たな「データ」の一つ一つに対して、現在のテーマの中で、また、その間で、絶えず比較を行い、そうすることで、コードを絶えず洗練することを始める。うまくいけば、いくつかの否定的な例や「逸脱ケース」を見つける、つまり、その材料がそれまでの理解に合わない、もしくは、それらと矛盾することに気づき、自分の分析全体について考え直し、それを洗練させることになる（Seale, 1999）。分析は、研究材料をさらに集めても分析に新たなテーマをもたらさなくなるまで、展開される。こうして最終的に、各テーマもしくはコードに対するテクストもしくは語りからの抜粋の集まりと、他者に語る「ニュース価値がある」、もしくは重要だと考えるアイデアの集まりを手にすることになる。こうして今や、いくつかの「妥当で」「信頼できる」発見を生み出したのであり、したがって、自分が発見したことを書くことになる（これに関してさらには Flick, 2007b/2017d 参照）。

　さて、これは、分析をしながらしばしば経験するプロセスを描写する一つのやり方であり、あるいはむしろ、かなり実用的な言葉で言えば、ときどき実際に行っていることを描写している。しかしながら、コード化を行い、分析し、知見についてチェックするプロセスは常に、これよりももっと厄介である。第一に、そしてもっとも重要なこととして、**分析は常に継続的に進行しているプ**

180

ロセスであり、それはいつも、研究現場に入ったり、図書館を訪れたり、あるいは、ラジオ番組を録音したりする以前に始まっている。何か特定のトピックに関心を持つようになるやいなや、私は、そのトピックに関する「学術的」「非学術的」な両方の文献を集め始める。専門家との会話、過去の経験、そして「突然のひらめき」と並んで、こうした読書は、研究のあり得る道筋や、リサーチクエスチョン、分析上のテーマやコードについて、とっかかりとなる何らかのヒントを与えてくれる。これら広範にわたる知識のソースは、しばしば、最初に材料のアーカイブの中に探究する分析のテーマとなる。他のテーマやアイデア、トピックは、いつものことだが、研究の流れの中で、その場限りに、偶然に現れてくる。

　アーカイブを作り始める際、それがテクストであれ、「自然に生じる」出会いや公式のインタビューの記録を見つけることであれ、私は、このプロセスについてメモをとるようにしている。これらのメモにはしばしば、材料集めや記録プロセスの「成功」と「失敗」の両方、また、文献内に現れるであろうギャップも含まれている。これらすべてのことが、アーカイブに求めるさらなるテーマや問いを提供してくれる。これらすべてのプロセスの中で、あるいは、このプロセスを通して、私は既に、研究の中心に何があるかや研究が何に焦点をあてるか（また、何が語られぬままになるか）について、何らかの「分析的な」選択を行っている。しかし少なからず、このことはまた、時間や金銭、ドキュメントや人々にアクセスする際の実際面の制約によっても同様に導かれている。

　フィールドにおいて、メモをとり、出会いを記録し、あるいは、テクストと取り組んでいる際、私はしばしば、自分が現在考えているテーマやアイデアが、現在取り組んでいることと比較してどのようであるかを見ようとする。この意味において、常に考えや直感を、一つ一つの新たな「データ」の断片でチェックしていく、こうしたまさに実際的な研究プロセスは、絶えざる比較法のインフォーマルでその場限りのバージョンなのである。それらの中のとても忘れられない奇妙な瞬間や極端なケース、エマーソン（Emerson, 2004）が「鍵となる出来事」と呼ぶものだが、これらもまた中心的なものであり、そして「逸脱ケースの分析」の実際的なバージョンなのである。それは、これまで読んできたすべての他の論文とは根本的に異なるケースについて論じている研究論文を

10章　ディスコースを研究する——おわりに　│　181

見つけた瞬間であり、記録している出会いが、そこに加わっているすべての人々にとって「相互作用として破たんし」、困惑させ、脅威となる、もしくは単におかしいように見える瞬間である。こうした出来事、すなわち、それ以前の理解を考え直させるテクストや語りの一節と出会うと、たいてい、うれしくなって、他の人たちに詳しく話をする。こうした瞬間は一般に、記憶に残ると同時に、「語りやすい」ものであり、そうした瞬間は残り続け、参加者や同僚との公式な語りでも非公式な語りでも、それらを物語り、研究を書き上げる際、しばしば鍵となる知見として現れてくる。

　録音ないしは録画記録を扱う際、私は最初、時間があるとすぐに、記録を1回通しでただ聞く、あるいは、ただ見る。いくつかメモをとるかもしれないし、ある瞬間が実際に際立っていれば、語りのその部分のおおよそを書き起こすかもしれない。そしてこの場合も、コード化と分析は私が「興味深い」、もしくは「注目に値する」と感じたことによって進んでいき、洗練され、導かれる。時間がもっとあるときには、私は、繰り返し記録を聞き／見て、自分の分析上の直感を生み出し、確かめ、洗練させていく。もし、とても少数の記録を扱っていたり、あるいは、特定の記録がきわめて重要だと考えた際には、役に立つと思う詳細さのレベルで、それらの記録をすべて書き起こすかもしれない。もっと大きなアーカイブもしくは記録では、私は一般に、**典型的に生じている**本当によい例である、あるいは、**例外的であり**、故にリフレクシブに何がルーチンかを示しているかのいずれかで鍵となっていると思う箇所のみを書き起こす。インタビューやフォーカスグループを用いた研究を行う場合には、通常、私は録音を書き起こししてもらう人に送る。それはつまり、私は常に彼らが作成したトランスクリプトを録音でチェックし、興味のあるあらゆる種類の細部（間、強調箇所、重なりのある語り）を加えなければならないことを意味する。持続的に分析する時間がある場合には、私はいつも、トランスクリプトを何度も読みながら、録音を繰り返し聞くことを好む。このことにより、多くの「平板で」相互作用的には素直なトランスクリプトを読むというよりも、そこで起こっていることがまさに何なのかを捉えることが可能になる。

　それから私は、研究論文の執筆に取り組み、書き上げる（そして、それを何度も何度も書き直す）。そして、論文を書くプロセスの中で、また、それを通して、自分のアイデアをテクストにし、さらに洗練することで、さらに分析が

182

進んでいく。同時に、上述のプロセスを通して、自分のアーカイブをどのように理解するかは、私がどうにか読むための時間を見つけた学術論文や書籍によっても方向づけられる。したがって、特定の材料の集まりについての「知識を生み出す」という意味において、分析は本来的に常に進行中の達成であることがおわかりいただけたかと思う。そして、特筆すべき重要なことは、この分析のプロセスは、理論的関心と実際的な関心の両方を大きく反映しているということである。しかしながら、最後に、さらに一つの問題を取り上げなければならない。あなたの材料に対するあなたの考えを、なぜ誰もが信じるべきなのだろうか？

品質とリフレクションの問題

あらゆる質的研究者は、今や次のような「二重の危機」に直面していると言われている。

- **代表性の危機**——研究のテクストは、生きられた体験を「捉えた」ものとして、あるいは、かつて可能と考えられてきたようには「事実」を呈示しているとはもはや考えることができない。
- **正当性の危機**——質的研究の説明の「真実性」を評価するための旧来の基準は、もはや維持することはできない。

この危機は、以前の質的研究とは正面から対立するものであり、以前の質的研究は、「妥当性」や「信頼性」といった言葉を（一見したところ）明らかに評価し、用いていた。ノーマン・デンジンは次のように書いている。

理論、仮説、概念、指標、コード化スキーム、サンプリング、妥当性や信頼性といった言葉は過去のものである。それらに代わって、読み手に関するテクスト、ディスコースのモード、文化の詩学、脱構築といった新たな言語がやってきた …（Denzin, 1988, p.432）

10章　ディスコースを研究する——おわりに　│　**183**

デンジンのリストは続き、読者の中には既によく知っている人もいるかもしれないが、彼は、そうした研究の新たな言語へのアクセスを提供している。

　単純に言うと、**正当性の危機**とは、研究の質に関する2つの鍵となる「実証主義者」の概念である「妥当性」と「信頼性」に疑問を呈することと関わっている。これらの用語、そしてそれらの用語が唱道するアプローチは、元々、科学の進歩の可能性について合意された展望から現れており、科学は、客観的な知を作り出すプロセスの中で、またそれを通して、普遍的な真実を作り出すことができ、かつそうすべきだと論じられた。したがって、この見方によれば、妥当性とは、「真実にほかならないと言え、それは、安定した社会的リアリティを指示する言語を通して知るところとなる」（Seale, 1999, p.34）。そして、ここまでで理解されたように、本書全体は、こうした見方のまさにその可能性に対して反対する議論に関わってきた（Flick, 2007b/2017d; Kvale, 2007/Brinkmann & Kvale, 2017 参照）。

　ディスコースを研究する中で、またそれを通して、「真実」というものは存在せず、むしろ、時には相矛盾した**複数の真実ないしはバージョン**がどのように存在するかがわかり始める。また、言語は、「安定したリアリティに**言及する**」のではなく、**リアルである**ことの多重で可能な理解を**作り出す**。しかしながら、このことは必ずしも、まったく無能状態、すなわち、研究しているテクストや語りの中で何が起こっているかについて、研究は何も言うことができないということではない。ポイントは、分析と執筆を通して、世界の特定の複数の真実やバージョンがどのように作り出されるかを示すことにある。研究者の仕事は、**あなたの主張、あなたの解釈**は信頼でき、かつもっともだと思え、あなたはそれを何もないところからでっち上げていたり、単なるあなたの曖昧な直感ではなく、**あなたの議論はあなたのアーカイブからの材料**にもとづいていることを、他者に確信させることにある。

　議論に説得力があり、収集した材料にもとづいていることを他者に示すためには、次に示すようなさまざまな実際的な解決方法がある。

- どのように材料を作り出し、それらを扱い、分析したかを描写すること。このプロセスを方向づけた実際的、かつ理論的な問題の両方について概説する必要がある。

- 材料に対してアイデアを繰り返しチェックし、主張の反証となる、もしくは、矛盾する例を探すこと。これはしばしば、何らかのバージョンの絶えざる比較法や逸脱ケースの分析を通してなされる。
- 主な、もしくは中心となる分析ポイントに対しては、そうした主張をするに至った材料の詳細に読者がアクセスできるようにする必要がある。重要でない、もしくは副次的な主張に対しては、より少ないエビデンスを提供する。一般に、トランスクリプト、ないしテクストからとった部分、もしくは引用を含める必要がある。
- このトピックに関する他の著者たちによるこれまでの研究に対して、自分のアイデアをチェックすること。もし得られた知見が以前の研究と根本的に異なっていれば、自身の知見を支持するために、より多くの材料を提供する必要がある。
- 可能な限り、研究知見を研究してきた人々に提示し、彼らと討議すること。自分の描写は、彼らにとって意味があるものなのか？　このことは、彼らが賛同しなければならないということを言っているのではないし、しばしば彼らは賛同しないだろう。そうした議論は、重要なことに沈黙していないか、あるいは、単に見過ごしていないかを理解する助けとなり得る。

　読者がプロセスと知見の両者にアクセスできるようにすること、そしてもっとも重要なことは、分析の土台にした材料の例にアクセスできるようにすることが必要である。

　上で言及したもう一つの危機である、**代表性の危機**は、説明がもっともであると示すことがいかに必要かに、密接に関連している。説得的な議論を作り出すために、語りやテクストがいかに機能するかを分析する際、自身の研究レポートやプレゼンテーションが、特定のバージョンの真実を作り出すためにどう機能するかについても考えるべきである。研究者たちは、**自身の知識や学術的なテクストを作り出すやり方に対して、より明示的でリフレクシブなスタンスが必要である**、と論じてきた。研究レポートはもはや、序論、文献レビュー、方法論などといった、「典型的な」学術論文の形式ないしはジャンルを踏襲すれば良いのではない。そこには、書き手が見えず、直面した倫理的・政治的問題やジレンマは語られない。研究者の中には、自身の研究を、テクス

10章　ディスコースを研究する——おわりに　｜ 185

トの中に埋め込まれた対話のようなものだけでなく、詩、文学、ドラマ、日記のようなさまざまな「新しい文学的な形式」を通して呈示する者もいる。これらの対話は、しばしば著者と想像上の「他者」の間で行われ、著者の議論の仮定に反対する見方について議論したり、コメントを加えたりするはたらきをすることができる。そうした作業は、学者として私たちが自分たちの議論を組み立てる、当たり前だと思っていたやり方について気づかせてくれ、私たちがどのように書き、どのように知識を作るかについての自らの仮定を疑うはたらきをする。そして、読者は、本書が論じていることについてどう説得しようとしているかについて、容易に何らかの作業ができるだろう。

　本書で私が論じてきたほとんどすべてのことと同様、これらの問題に対する正答や誤答があるわけではない。私がすることのできる最善のアドバイスは、アーカイブのための材料を作る際、必要な詳細さのレベルでトランスクリプトを作成する際、テクスト中に見つけたその議論を無視すると決める際、研究の成果を書き上げる際、自分自身の実践にリフレクシブであり、世界の特定のバージョンをどのように描いたかについて批判的に省みる、ということである。

会話、ディスコース、ドキュメントを分析する諸段階とキーポイント

　会話、ディスコース、ドキュメントを研究する際に考慮したいいくつかのことを提示して、本章を終えようと思う。これは、しなければならない、もしくは、すべきであることのリストを決して意味しておらず、これらを行うことが役に立つとわかるであろう、実践的な行為のセットである。

1. 「最初の」リサーチクエスチョンを定式化する。リサーチクエスチョンは、研究の流れの中で変わることになるだろう。
2. 研究日誌を開始する。研究の全期間にわたって、行為や（分析上の）考えの流れを習慣的にすべてメモにとるようにする。
3. 材料の可能性のあるソースを見つけ、アーカイブを作り始める。材料は、以前から存在する材料（ドキュメント、録音記録やビデオ）を集めること

186

で得られるだろうし、また、やりとりを（録音やビデオで）記録することを通して材料を作り出すことで得られるだろう。アーカイブの一部は、学術的なソースから得られる材料であるし、また、研究トピックの「非－学術的な」議論（たとえば、ラジオ番組のメモ）も含まれるだろう。

4. **ある程度詳細にテクストを書き起こす。**詳細さのレベルは、分析上の関心によるだろう。もしとても大きなアーカイブを持っているのであれば、（少なくとも）アーカイブの一部を書き起こす。ある種のテクスト、とりわけドキュメントは、書き起こしを必要としないだろう。

5. **疑いを持ちながらテクストを読み、精査する。**テクストを繰り返し読み、音声もしくはビデオ記録を繰り返し再生する。誰よりもよく、「自分のアーカイブを知る」べきである。

6. **コード化。**最初の段階では、できるだけ包括的に行う。もし重複したコードがあったとしても心配しなくてよい。それから、絶えざる比較法を使って、理解しやすく組織的なコード化スキームを発展させていく。アーカイブと取り組む中で、（繰り返し）コード化のスキームを改訂することになるだろう。

7. **分析。**（a）データ内の規則性や多様性を調べ、（b）仮の知見を形成することを通して、分析を行う。見出したすべてを詳細に分析することは決してできない。調べる時間が以前十分になかったことを追跡するために、アーカイブに何度も立ち戻ることができることを忘れないこと。

8. **「妥当性」と厳密さをチェックする。**（a）逸脱ケースの分析、（b）以前の研究と自らの知見との比較、（c）データを他の人たちに見せ、彼らと自らの知見について議論することを通して、これを行う。これら「他の人々」は一般に、研究仲間や指導教員であるが、研究参加者であることもある。

9. **書き上げる。**自分の分析と書くことの実践について反省的に熟考する。（Gill, 2000 にもとづく）

（最後の）まとめ

　会話、ディスコース、ドキュメントの研究の中で、また、それらを通して、自分や他の人々が自明だと思っていた広範なものごと、トピックやアイデアとの取り組み直しを始めることができる。私たちが社会生活を作り出している、風変わりで不思議なやり方を、驚き（と、時に怖れ）をもって見始めることができる。取り組んでいる出会い、もしくはテクストを描写し直す作業を行うことができ、同時代の実践を批判（もしくは称賛）する作業を行うことでき、また、私たちの同時代の問題やジレンマを理解する代わりとなり得る、さまざまなやり方を提供することができる。最後に、私は、こうした作業はとても魅力的なことであり、とりわけ楽しいことを強調しておきたい。

さらに学ぶために

以下は、質的研究における質の問題についてより深く探究している。

Flick, U. (2007b) *Managing Quality in Qualitative Research* (Book 8 of The SAGE Qualitative Research Kit). London: Sage.［フリック／上淵寿（訳）(2017)『質的研究の「質」管理』（SAGE 質的研究キット 8）新曜社］〔改訂版は、Flick, U. (2017)〕

Peräkylä, A. (2011) 'Validity in research on naturally occurring social interaction', in D. Silverman (ed.), *Qualitative Research*, 3rd ed., London: Sage, pp. 365-382.

Seale, C. (1999) *The Quality of Qualitative Research*. London: Sage.

Taylor, S. (2001) 'Evaluating and applying discourse analytic research' in M. Wetherell, S. Taylor & S. J. Yates (eds.), *Discourse as Data: A Guide for Analysis*. London: Sage, in association with The Open University, pp. 311-330.

訳者補遺

能智正博 (2011)『質的研究法』東京大学出版会

やまだようこ・麻生武・サトウタツヤ・能智正博・秋田喜代美・矢守克也（編）(2013)『質的心理学ハンドブック』新曜社

訳者あとがき

　本書は、ティム・ラプリー（Tim Rapley）著 *Doing Conversation, Discourse and Document Analysis*, 2nd edition (London: Sage, 2017) の翻訳である。SAGE 社の「SAGE 質的研究キット（The SAGE Qualitative Research Kit)」の一冊であり、2007 年に第 1 版が出版されている。本シリーズの他の巻と同様、質的研究の実際的・具体的方法について書かれており、特にこの巻では、会話・ディスコース・ドキュメントをどのように分析するかが扱われている。

　本書の特徴はその構成にある。会話分析やディスコース分析に関する一般的なテキストでは、典型的な研究例を交えながら、まずは、研究の基礎となるハーヴェイ・サックスの会話分析の研究や考え方を紹介し、それから、ディスコース心理学、批判的ディスコース分析、フーコー派ディスコース分析などの背景となる理論や考え方について述べていくといった構成が多い。その際、ドキュメントについては、ドキュメント分析といった形式で分けて論じることはあまりなく、ディスコース分析の中に組み込まれる形で扱われることが一般的である。これに対し、本書は、1 章のイントロダクションに始まり、2 章から 4 章において、ドキュメントを含めた分析のためのソースへの接近方法や具体的なデータのとり方について触れている。そして、5 章では、実際の音声とビデオ材料を用いて、データの書き起こし（トランスクリプト）の方法について詳細に検討している。さらに、6 章から 9 章では、会話、ディスコース、ドキュメントの分析方法について若干の理論とともに探究している。そして最後に、10 章で全体をまとめるという展開になっている。一般的なテキストが、背景となる理論や考え方に基づきながら論を展開しているのに対し、本書は、どのようにデータを収集し、それをどのように書き起こし、どのように分析していくかという実際面に焦点をあて、背景となる理論については前半部分ではほとんど触れることがなく、後半の分析方法について述べる際にようやく触れられている点に特徴がある。このように、本書は、会話・ディスコース・ド

189

キュメントの実際的・具体的研究方法に特化した点に特徴がある。

　この特徴から、最初に本書に目を通したとき、正直なところ、会話分析やディスコース分析の研究方法を学ぶ本としてはもの足りなく感じ、データの具体的な集め方や書き起こし方について書かれた章を読み進めながら、いつになったら、分析の背景となる重要な理論や考え方について触れるのだろうと考えていた。そして、こういうハウツーに徹した本は、最初にしっかりと理論や考え方を学んだ上で、それを具体的な研究として実施する際に初めて役立つのではないかと考えた。しかしながら、一連の翻訳作業を通し、本書を繰り返し読んでいくうちに、もしかしたら私が最初に本書に抱いた印象は間違っていたかもしれないと思うようになった。

　と言うのは、会話分析やディスコース分析に馴染みのない学部学生や大学院生に教える際に、これまでは、上に述べたような一般的なテキストを用いて授業を行ってきたのだが、社会構築主義といった考え方に関心を持つ一部の学生を除いては、理論的な話をしても、頭の上に「？」マークがついているのがはっきり見えるような状態が最近多くなってきているのを肌で感じていた。難解な社会科学の思想や理論に興味を持つ学生が減少し、理論や考え方に馴染みがないせいか、こうした一般的なテキストが非常に敷居の高いものになってしまっているという感じがしていた。そこで、ある時ふと、実際に著者が採ったデータを用い、さまざまなやり方でデータを書き起こす、本書5章の内容を、彼ら学生に紹介したらどうだろうと考えた。そして、実際に彼らに5章の内容を紹介したところ、これまでの「？」マークが彼らの頭の上から消え、具体的なやりとりを分析することにとても興味を抱き、こうした分析が大切なことがよくわかったという意見が、学生から寄せられたのである。

　したがって、会話分析やディスコース分析に馴染みがない学部学生や大学院生、さらには、これまで量的な研究を主に行ってきて質的研究に馴染みはないが、会話やインタビューといったやりとりのデータをこれから詳しく分析してみたいと考えている研究者は、会話分析やディスコース分析の一般的なテキストから取り組むのではなく、むしろ、本書から取り組んだ方が抵抗なく、この分野に入っていけるのではないかと思うようになった。そして、本書を読んだ上で、さらにできれば、実際にデータをとって分析するという経験をした上で、会話分析やディスコース分析の一般的なテキストを読むという進め方がよいの

ではないかと考えるようになった。考えてみれば、著者のティム・ラプリーは、これまで医療系の学部に所属しており、周りの同僚は量的研究を行う者が多く、彼が自身の研究を周りの者に理解してもらうために、いろいろ苦労しさまざまな工夫をしてきたと思われる。その成果が本書であり、本書が初学者や質的研究に馴染みがない研究者にとって理解しやすいのは必然と言えよう。本書は、実際にこの種の研究を始める際のきっかけとなりうる本であると言えるだろう。

　最後に、本書の翻訳は、新曜社の塩浦暲氏からの勧めで行ったものである。シリーズの中では大分出版が遅れてしまったが、ひとえにそれは私の責任である。なかなか翻訳作業が進まない中、共訳者である中坪氏と綾城氏に助けを求めることになった。お二人とも快く協力してくださり、ようやく翻訳作業を終えることができた。本書を翻訳する機会を与えてくださった塩浦氏、翻訳に協力してくださった中坪氏、綾城氏に改めて感謝を申し上げたい。

　　　2018 年 8 月

　　　　　　　　　　　　　　　　　　　　　　　訳者を代表して
　　　　　　　　　　　　　　　　　　　　　　　大橋靖史

用語解説

アーカイブ（archive）
特定の研究問題やリサーチクエスチョンに取り組んだり考えたりすることを可能にする、広範な材料のコレクション。アーカイブには、ドキュメントにもとづくものや聴覚や視覚に基礎を置くものとともに、鍵となる研究論文、自身のメモ、その他、分析を手助けし得るあらゆることが含まれ得る。

会話分析（conversation analysis）
会話分析を行う人々は、社会的行為や実践が、語りややりとりの中で、またそれらを通して、どのように達成されるかに焦点をあてる。彼らはしばしば、次のようなやりとりの諸特徴に焦点をあてる。――話し手は語りにおいてどのようにターンを交代するのか；語りはどのように前の行為によって形作られ、それに続くものを形作るのか；語りはある種の行為を遂行するためにどのようにデザインされるのか；人々はどのような言葉を使うか；そして、より広範な語りの経路はどのように組織化されるのか。これらの観察の中心的なソースは、「自然に生じる」語りややりとりの録音・録画記録である。

自然に生じるデータ（naturally occurring data）
ある人々は、データを、インタビューやフォーカスグループのような、研究者に導かれた、もしくは研究者によって引き起こされたデータと、家族の食事時の会話の録音や、医師のコンサルテーションのビデオ記録のような、自然に生じたデータに分ける。後者は、研究者の存在もしくは行為なしでも生じたであろう。しかしながら、私が自然に生じるデータが意味することに焦点をあてるのは、データを、ある活動ないしやりとりが、それがコンサルテーションであれ質的インタビューであれ、どのように「自然な」、正常な、もしくは、ルーチンのこととして生じるかを発見するために、使うべきだからである。この意味で、あらゆるデータは、「自然に生じている」ものとして扱い得る。

193

社会構築主義（social constructionism）

このパラダイムは、言語が決して、コミュニケーションの自然で透明な手段ではないと仮定する。簡単に言えば、「幼児期」「エビデンス」あるいは「動機」のような、私たちが自明なことと考えるであろうものごと、概念やアイデアに対する私たちの理解は、ともかくも自然であったりあらかじめ与えられたものではなく、むしろ、人間の行為や相互作用、歴史、社会や文化の産物なのである。

ディスコース心理学（discursive psychology）

これはしばしば、「記憶」「情動」あるいは「態度」のような、一見したところ「内的な」心理学的出来事が、社会行為、相互行為やテクストの中で、それらを通して、どのように作られ、交渉され、また達成されるかに焦点をあてるため、会話分析、ディスコース分析やレトリックの要素を利用する。

ディスコース分析（discourse analysis）

ディスコースを研究する人々は、ある種の文脈の中で、言語がどのように使われるかに関心がある。特定のアイデンティティ、実践、知識もしくは意味が、他の方法以上にまさにそのやり方で何かを描写することによって、どのように作られるかに、その焦点がある。これは、子どもたちの遊びのような、特定のやりとりの例や、災害の新聞記事のような、特定の問題についての数多くのテクスト、AD/HD（注意欠如・多動症）の医学化のような、より広範でしばしば歴史的な知識のシステムに焦点をあてることを意味するかもしれない。

テクスト（texts）

この用語は、私たちが日常生活の一部として読み、使い、関わっている、広範な書面や視覚的なドキュメント全体を指す。スニーカーのようなモノ、あるいは、サッカーの試合のようなイベント、あるいは、食べ物や歩き方といったことを指すこともある。

トランスクリプション（transcription）

録音・録画にもとづく材料を何らかの書かれたテクストの形式へと変換するプロセス。トランスクリプションのもっとも通常の形式は、逐語的に書き起こすことであり、そこでは、話された言葉を誰がそれを話したかと一緒に詳細に記録しようとする。またそこ

には、ジェスチャー、視線、あるいはモノの使用の詳細ばかりでなく、間、笑いや重なりといった、さまざまな語りにおける相互作用の特徴も含まれ得る。トランスクリプトは、まさにその性質上翻訳である。それらは常に、部分的で、選択的なテクストによる表現である。詳細なトランスクリプトを実際に作成するプロセスによって、観察していることを熟知することができるようになる。

リフレクシビティ（reflexivity）
語りやテクストが、説得的な議論を作り出すために、どのように作用しているかを分析する際、私たちは、自身の研究レポートやプレゼンテーションが、リアルであることの特定のバージョンを作り出すよう、どのように作用するかについても考えるべきである。研究者は、私たちが自身の知識や学術的なテクストを作り出す際のやり方に対して、より明示的で自己反省的なスタンスが必要だと論じてきた。

レトリック（rhetoric）
レトリックを研究する際、話し手、ドキュメント、もしくはテクストが、他のあり得る意味を阻止しながら、他の意味よりもある特定の意味を伝える、もしくは強化することをいかに求めているかに関心がある。ディスコースが、そのポジションの権威について、どのように説得的に使われるか、また、他の可能な読みを封じるためにいかに作用するかに焦点をあてるかもしれない。

用語解説 | 195

文　献

Aalto, M. & Seppa, K. (2001) 'At which drinking level to advise a patient? General practitioners' views', *Alcohol, 36*: 431-3.

Adams, P. J., Powell, A., McCormick, R. & Paton-Simpson, G. (1997) 'Incentives for general practitioners to provide brief interventions for alcohol problems', *NZ Medical Journal, 110*: 291-294.

Ali, S. & Kelly, M. (2012) 'Ethics and social research', in C. Seale (ed.), *Researching Society and Culture*, 3rd ed. London: Sage, pp. 58-76.

Allistone, S. (2002) 'A conversation analytic study of parents' evening', unpublished PhD dissertation, Goldsmiths' College, University of London.

Angrosino, M. (2007) *Doing Ethnographic and Observational Research*. (Book 3 of The SAGE Qualitative Research Kit). London: Sage.［アングロシーノ／柴山真琴（訳）(2016)『質的研究のためのエスノグラフィーと観察』（SAGE 質的研究キット3）新曜社］

Antaki, C. (2015) *An Introductory Tutorial in Conversation Analysis*. http://ca-tutorials.lboro.ac.uk/intro1.htm [accessed 8 August 2015].

Arminen, I. (2000) 'On the context sensitivity of institutional interaction', *Discourse and Society, 11*: 435-58.

Asthana, A. & Doward, D. (2003) 'Binge drinking: do they mean us?', *The Observer*, Sunday 21 Dec.

Ayas, R. (2015) 'Doing data: The status of transcripts in conversation analysis', *Discourse Studies, 17*(5): 505-528.

Babor, T. F., Ritson, B. E. & Hodgson, R. J. (1986) 'Alcohol-related problems in the primary health care setting: A review of early intervention strategies', *British Journal of Addiction, 8*(1): 23-46.

Balint, M. (1955) 'The doctor, his patient and the illness', *The Lancet, i*: 683-688.

Banks, M. (2017) *Using Visual Data in Qualitative Analysis* (Book 5 of The SAGE Qualitative Research Kit, 2nd ed.) London: Sage.［バンクス／石黒広昭（監訳）(2016)『質的研究におけるビジュアルデータの使用』（SAGE 質的研究キット5）新曜社（初版 (2007) の訳）］

Barbour, R. (2017) *Doing Focus Groups* (Book 4 of The SAGE Qualitative Research Kit, 2nd ed.). London: Sage.［バーバー／大橋靖史他（訳）（準備中）『質的研究のためのフォーカスグループ』（SAGE 質的研究キット4）新曜社］

Beach, W. A. & Metzinger, T. R. (1997) 'Claiming insufficient knowledge', *Human Communication Research, 23*(4): 562-588.

Billig, M. (1995) *Banal Nationalism*. London: Sage.

Brinkmann, S. & Kvale, S. (2017) *Doing Interviews* (Book 2 of The SAGE Qualitative Research Kit, 2nd ed.). London: Sage.［クヴァール／能智正博・徳田治子（訳）(2016)『質的研究のため

の「インター・ビュー」』（SAGE 質的研究キット2）新曜社（初版 (2007) の訳）〕

Burr, V. (2015) *Social Constructionism*. London: Routledge.〔バー／田中一彦・大橋靖史（訳）(2018)『ソーシャル・コンストラクショニズム——ディスコース・主体性・身体性』川島書店〕

Coffey, A. (2017) *Doing Ethnography* (Book 3 of The SAGE Qualitative Research Kit, 2nd ed.). London: Sage.

Davidson, J. (1984) 'Subsequent versions of invitations, offers, requests and proposals dealing with potential or actual rejection', in J. M. Atkinson & J. Heritage (eds.), *Structures of Social Action: Studies in Conversational Analysis*. Cambridge: Cambridge University Press, pp. 102-128.

Denzin, N. (1988) 'Qualitative analysis for social scientists', *Contemporary Sociology, 17*: 430-432.

Drew, P. (1984) 'Speakers' reportings in invitation sequences', in J. M. Atkinson & J. Heritage (eds.), *Structures of Social Action: Studies in Conversational Analysis*. Cambridge: Cambridge University Press, pp. 129-151.

Drew, P. (1992) 'Contested evidence in courtroom cross-examination: The case of a trial for rape', in P. Drew & J. Heritage (eds.), *Talk at Work: Interaction in Institutional Settings*. Cambridge: Cambridge University Press, pp. 470-520.

Drew, P. & Heritage, J. (1992) 'Analyzing talk at work: An introduction', in P. Drew & J. Heritage (eds.), *Talk at Work: Interaction in Institutional Settings*. Cambridge: Cambridge University Press, pp. 3-65.

Economic and Social Research Council (2015) *Research Ethics*. www.esrc.ac.uk/funding/guidance-for-applicants/research-ethics [accessed 8 August 2015].

Edley, N. (2001) 'Analysing masculinity: interpretative repertoires, ideological dilemmas and subject positions', in M. Wetherell, S. Taylor & S. J. Yates (eds.), *Discourse as Data: A Guide to Analysis*. London: Sage, in association with the Open University, pp. 189-228.

Edley, N. & Wetherell, M. (1997) 'Jockeying for position: The construction of masculine identities', *Discourse and Society, 8*: 203-217.

Emerson, R. M. (2004) 'Working with "key incidents"', in C. Seale, G. Gobo, J. F. Gubrium & D. Silverman (eds.), *Qualitative Research Practice*. London: Sage, pp. 457-472.

Firth, H. & Kitzinger, C. (1998) '"Emotion work" as a participant's resource: a feminist analysis of young women's talk in interaction', *Sociology, 32*(2): 299-320.

Flick, U. (2017a) *Doing Grounded Theory* (Book 8 of The SAGE Qualitative Research Kit, 2nd ed.). London: Sage.

Flick, U. (2017b) *Doing Triangulation and Mixed Methods* (Book 9 of The SAGE Qualitative Research Kit, 2nd ed.). London: Sage.

Flick, U. (2017c) *Designing Qualitative Research* (Book 1 of The SAGE Qualitative Research Kit, 2nd ed.). London: Sage.〔フリック／鈴木聡志（訳）(2016)『質的研究のデザイン』（SAGE 質的研究キット1）新曜社（初版 (2007) の訳）〕

Flick, U. (2017d) *Managing Quality in Qualitative Research* (Book 10 of The SAGE Qualitative Research Kit, 2nd ed.). London: Sage.〔フリック／上淵寿（訳）(2017)『質的研究の「質」管理』

（SAGE 質的研究キット 8）新曜社（初版 (2007) の訳）]

Garfinkel, H. (1967) *Studies in Ethnomethodology*. Englewood Cliffs, NJ: Prentice-Hall.

General Medical Council (2011) *Making and Using Visual and Audio Recordings of Patients*. www. gmc-uk.org/guidance/ethical_guidance/making_audiovisual.asp [accessed 8 August 2015].

Gibbs, G. (2017) *Analyzjng Qualitative Data* (Book 6 of The SAGE Qualitative Research Kit, 2nd ed.). London: Sage. ［ギブズ／砂上史子・一柳智紀・一柳梢（訳）(2018)『質的データの分析』(SAGE 質的研究キット 6）新曜社]

Gidley, B. (2003) 'Citizenship and belonging: East London Jewish Radicals 1903.1918', unpublished PhD dissertation, Goldsmiths' College, University of London.

Gidley, B. (2012) 'Doing historical and archival research', in C. Seale (ed.), *Researching Society and Culture*, 3rd ed. London: Sage, pp. 263-282.

Gill, R. (2000) 'Discourse analysis', in M. W. Bauer & G. Gaskell (eds.), *Qualitative Researching with Text, Image and Sound*. London: Sage, pp. 172-190.

Glaser, B. G. (1965) 'The constant comparative method of qualitative analysis', *Social Problems, 12*: 436-445.

Goodwin, C. (l994) 'Professional vision', *American Anthropologist, 96*(3): 606-633.

Gothill, M. & Armstrong, D. (1999) 'Dr No-body: the construction of the doctor as an embodied subject in British general practice 1955-1997', *Sociology of Health and Illness, 21*: 12.

Hak, T. (1992) 'Psychiatric records as transformations of other texts', in G. Watson & R. M. Seiler (eds.), *Text in Context: Contributions to Ethnomethodology*. Newbury Park, CA: Sage, pp. 138-155.

Hak, T. (1998) '"There are clear delusions" the production of a factual account', *Human Studies, 21*: 419-436.

Hall, S. (2002) 'New wave of "sophisticated" alcopops fuels teenage binge drinking', *The Guardian*, Saturday 14 Dec.

Hallowell, N., Lawton, J. & Gregory, S. (2005) *Reflections on Research: The Realities of Doing Research in the Social Sciences*. Maidenhead: Open University Press.

Hammersley, M. (2010) 'Reproducing or constructing? Some questions about transcription in social research', *Qualitative Research, 10*(5): 553-569.

Heath, C., Hindmarsh, J. & Luff, P. (2010) *Video in Qualitative Research*. London: Sage.

Heritage, J. (1984) *Garfinkel and Ethnomethodology*. Cambridge: Polity Press.

Heritage, J. (1997) 'Conversation analysis and institutional talk: Analysing data', in D. Silverman (ed.), *Qualitative Research: Theory, Method and Practice*. London: Sage, pp. 222-245.

Heritage, J. & Greatbatch, D. (1991) 'On the institutional character of institutional talk: The case of news interviews', in D. Boden & D. H. Zimmerman (eds.), *Talk and Social Structure: Studies in Ethnomethodology and Conversation Analysis*. Berkeley: University of California Press, pp. 93-137.

Holstein, J. A. & Gubrium, J. F. (1995) *The Active Interview*. Thousand Oaks, CA: Sage. ［ホルスタイン・グブリアム／山田富秋ほか（訳）(2004)『アクティヴ・インタビュー——相互行為としての社会調査』せりか書房]

Hutchby, I. (1996) *Confrontation Talk: Arguments, Asymmetries, and Power on Talk Radio*. Mahwah,

文　献　│　199

NJ: Lawrence Erlbaum.

Jefferson, G. (2004) 'Glossary of transcript symbols with an introduction', in C. H. Lerner (ed.), *Conversation Analysis: Studies from the First Generation*. Philadelphia: John Benjamins, pp.13-23.

Jenkings, K. N. & Barber, N. (2004) 'What constitutes evidence in hospital new drug decision making?', *Social Science and Medicine, 58*: 1757-166.

Jenkings, K. N. & Barber, N. (2006) 'Same evidence, different meanings: Transformation of textual evidence in hospital new drugs committees', *Text and Talk, 26*(2): 169-189.

Kitzinger, C. & Firth, H. (1999) '"Just say no?" The use of conversation analysis in developing a feminist perspective on sexual refusal', *Discourse and Society, 10*(3): 293-316.

Kvale, S. (2007) *Doing Interviews* (Book 2 of The SAGE Qualitative Research Kit). London: Sage. ［クヴァール／能智正博・徳田治子（訳）(2016)『質的研究のための「インター・ビュー」』（SAGE 質的研究キット2）新曜社］

Lee, J. (1984) 'Innocent victims and evil-doers', *Women's Studies International Forum, 7*: 69-73.

Lynch, M. (1993) *Scientific Practice and Ordinary Action*. Cambridge: Cambridge University Press.［リンチ／水川喜文・中村和生（訳)(2012)『エスノメソドロジーと科学実践の社会学』勁草書房］

May, C. R. (1997) 'Pathology, identity and the social construction of alcohol dependence', *Sociology, 35*: 385-401.

Maynard, D. W. (1991) 'On the interactional and institutional basis of asymmetry in clinical discourse', *American Journal of Sociology, 92*(2): 488-495.

Maynard, D. W. (1992) 'On clinicians co-implicating recipients' perspectives in the delivery of diagnostic news', in P. Drew & J. Heritage (eds.), *Talk at Work: Interaction in Institutional Settings*. Cambridge: Cambridge University Press, pp.331-358.

Moerman, M. (1988) *Talking Culture: Ethnography and Conversation Analysis*. Philadelphia: University of Pennsylvania Press.

Moerman, M. (1992) 'Life after CA: an ethnographer's autobiography', in G. Watson & R. M. Seiler (eds.), *Text in Context: Contributions to Ethnomethodology*. New York: Sage, pp.20-34.

Newcastle Herald and Post (2004) 'Herald and Post Meeting Place', Wednesday 4 Aug.

Perakyla, A. (2011) 'Validity in research on naturally occurring social interaction', in D. Silverman (ed.), *Qualitative Research*, 3rd ed. London: Sage, pp.365-382.

Poland, B. D. (2002) 'Transcription quality', in J. Gubrium & J. Holstein (eds.), *Handbook of Interview Research: Context and Method*. Thousand Oaks, CA: Sage, pp.629-650.

Pomerantz, A. (1984) 'Agreeing and disagreeing with assessments: Some features of preferred/dispreferred turn shapes', in J. M. Atkinson & J. Heritage (eds.), *Structures of Social Action: Studies in Conversation Analysis*. Cambridge: Cambridge University Press, pp.57-101.

Potter, J. (1996) 'Discourse analysis and constructionist approaches: Theoretical background', in J. Richardson (ed.), *Handbook of Qualitative Research Methods for Psychology and the Social Sciences*. Leicester: BPS, pp.125-140.

Potter, J. (2011) 'Discursive psychology and the study of naturally occurring talk', in D. Silverman (ed.), *Qualitative Research*, 3rd ed. London: Sage, pp. 187 - 207.

Prior, L. (2003) *Using Documents in Social Research*. London: Sage.

Prior, L. (ed.) (2011) *Using Documents and Records in Social Research*. London: Sage.

Rapley, T. (2015) 'Questions of context: Qualitative interviews as a source of knowledge', in C. Tileaga & E. Stokoe (eds.), *Discursive Psychology: Classic and Contemporary Issues*. London: Routledge, pp. 70 - 84.

Rose, N. (1998) 'Life, reason and history: Reading Georges Canguilhem today', *Economy and Society, 27*(2.3): 154 - 170.

Rubin, H. J. & Rubin, I. S. (1995) *Qualitative Interviewing: The Art of Hearing Data*. Thousand Oaks, CA: Sage.

Sacks, H. (1984) 'Notes on methodology', in J. M. Atkinson & J. Heritage (eds.), *Structures of Social Action: Studies in Conversation Analysis*. Cambridge: Cambridge University Press, pp. 21 - 27.

Sacks, H. (1995) *Lectures on Conversation*. Oxford: Blackwell.

Schegloff, E. A. (1999) 'Discourse, pragmatics, conversation, analysis', *Discourse Studies, 1*(4): 405 - 435.

Schegloff, M. (1997) 'Whose text? Whose context?', *Discourse and Society, 8*: 165 - 187.

Scott, J. (1990) *A Matter of Record: Documentary Sources in Social Research*. Cambridge: Polity Press.

Seale, C. (1999) *The Quality of Qualitative Research*. London: Sage.

Seale, C. (2002) 'Cancer heroics: a study of news reports with particular reference to gender', *Sociology, 36*: l07 - 126.

Sidnell, J. (2010) *Conversation Analysis: An Introduction*. Oxford: Blackwell - Wiley.

Silverman, D. (1987) *Communication and Medical Practice*. London: Sage.

Smith, D. E. (1990) *Texts, Facts and Femininity: Exploring the Relations of Ruling*. London: Routledge.

Speer, S. A. & Hutchby, I. (2003) 'From ethics to analytics: Aspects of participants' orientations to the presence and relevance of recording devices', *Sociology, 37*(2): 315 - 337.

Strong, P. M. (1980) 'Doctors and dirty work: The case of alcoholism', *Sociology of Health and Illness, 2*: 24 - 47.

Taylor, S. (2001a) 'Locating and conducting discourse analytic research', in M. Wetherell, S. Taylor & S. J. Yates (eds.), *Discourse as Data: A Guide for Analysis*. London: Sage, in association with The Open University, pp. 5 - 48.

Taylor, S. (2001b) 'Evaluating and applying discourse analytic research', in M. Wetherell, S. Taylor & S. J. Yates (eds.), *Discourse as Data: A Guide for Analysis*. London: Sage, in association with The Open University, pp. 311 - 330.

ten Have, P. (2007) *Doing Conversation Analysis: A Practical Guide*, 2nd ed. London: Sage.

van Dijk, T. A. (1999) 'Critical discourse analysis and conversation analysis', *Discourse and Society, 9*(3): 459 - 460.

von Lehm, D., Heath, C. & Hindmarsh, J. (2001) 'Exhibiting interaction: Conduct and collaboration in museums and galleries', *Symbolic Interaction, 24*: 189 - 216.

Wetherell, M. (1998) 'Positioning and interpretative repertoires: Conversation analysis and post-structuralism in dialogue', *Discourse and Society, 9*: 387-412.

Wetherell, M. (2001) 'Themes in discourse research: The case of Diana', in M. Wetherell, S. Taylor & S. J. Yates (eds.), *Discourse Theory and Practice: A Reader*. London: Sage, in association with The Open University, pp. 14-28.

Wetherell, M., Taylor. S. & Yates. S. J. (eds.) (2001) *Discourse Theory and Practice: A Reader*. London: Sage, in association with The Open University.

Wiggins, S. & Potter, J. (2008) 'Discursive psychology', in C. Willig & W. Holloway (eds.), *The SAGE Handbook of Qualitative Research in Psychology*. London: Sage, pp. 73-90.

Williams, C., Kitzinger, J. & Henderson, H. (2003) 'Envisaging the embryo in stem cell research: rhetorical strategies and media reporting of the ethical debates', *Sociology of Health and Illness, 25*: 793-814.

Willig, C. (2014) 'Discourses and discourse analysis', in U. Flick (ed.), *The SAGE Handbook of Qualitative Data Analysis*. London: Sage, pp. 341-353.

人名索引

Aalto, M. 168
Adams, P. J. 167
Allistone, S. 63
Angrosino, M. 35
Arminen, I. 144, 145
Armstrong, D. 172, 173, 174, 175
Asthana, A. 164

Babor, T. F. 168
Balint, M. 173
Barber, N. 131, 132, 133, 134
Barbour, R. 27, 35, 52
Beach, W. A. 102
Billig, M. 163
Brinkmann, S. 27, 35, 52, 184
Burr, V. 5

Coffey, A. 35

Davidson, J. 117, 119
Denzin, N. 183, 184
Doward, D. 164
Drew, P. 103

Edley, N. 27
Emerson, R. M. 181

Flick, U. 33, 180, 184
Firth, H. 120, 121, 149, 150

Gibbs, G. 180
Gidley, B. 18
Gill, R. 187
Glaser, B. G. 180
Goodwin, C. 134, 135
Gothill, M. 172, 173, 174, 175
Greatbatch, D. 24
Gubrium, J. F. 28

Hak, T. 128, 129, 130
Hall, S. 161

Hammersley, M. 76
Heritage, J. 24, 105, 118
Holstein, J. A. 28
Hutchby, I. 25, 29

Jefferson, G. 84
Jenkings, K. N. 131, 132, 133, 134

Kitzinger, C. 120, 121, 149, 150
Kvale, S. 27, 35, 52, 184

Lee, J. 15
Lynch, M. 147

May, C. R. 170, 171
Maynard, D. W. 104, 105, 106, 108, 110
Metzinger, T. R. 102
Moerman, M. 102, 121

Poland, B. D. 81
Pomerantz, A. 117
Potter, J. 7

Rose, N. 6
Rubin, H. J. 52
Rubin, I. S. 52

Sacks, H. 69, 70, 102, 115, 116, 121, 155, 156
Schegloff, E. A. 27
Seale, C. 16, 180, 184
Seppa, K. 168
Silverman, D. 152, 153, 155
Speer, S. A. 29
Strong, P. M. 28

van Dijk, T. A. 140
von Lehm, D. 45

Wetherell, S. 27
Williams, C. 25

203

事項索引

■あ行

アイデンティティ 3-7, 10, 15, 40, 43, 77, 116, 137, 142, 164, 170-172, 177
　ジェンダー・—— 27
アーカイブ 8, 14, 16, 18, 25, 26, 31, 172, 180-184, 186, 187, 193
アルコホーリクス・アノニマス（AA） 144
依存 170
一次情報 22
イメージ 16, 27, 50, 91
芋づる式検索 17
インタビュー 1, 9, 27-31, 35, 43, 50-58, 60, 80, 130, 139, 149, 150, 182
インフォームド・コンセント 36, 41, 45, 59
映画 26
エスノグラフィー 1, 7, 8, 52, 61
エビデンス 44, 131, 134, 162, 164, 167, 168, 177, 185, 194
エビデンスベイスド 134
演劇 26
エンパワー 152, 155, 174
エンパワーメント 154
音声記録 63
音声とビジュアルにもとづくソース 14, 24, 31
音声とビデオの記録 137
音声・録画ファイル 95

■か行

解釈レパートリー 7
ガイドライン 33, 35, 41, 42, 45, 46
会話 1, 179, 186, 188
会話分析 7, 8, 69, 101-103, 122, 193
学術刊行物 17
過剰飲酒 164, 165
感情労働 149, 150
議会議事録 18
技術的タイトル 76
記録機器 29, 30, 42, 50, 56-58, 60, 66, 69
ケーススタディ 128, 131, 134

ゲートキーパー 60
見解−表示シークエンス 105, 106, 110
研究エビデンス → エビデンス
研究参加者 → 参加者
権力 144, 151, 155, 176
　——関係 141
公共の場所 45
公式ドキュメント 19
公的ドキュメント 18
公文書館 20
コード化 180, 182, 187
コンピュータ画像 64

■さ行

再定式化 107
作業用トランスクリプト 69, 88, 93
雑誌記事 15, 16
参加者 33, 40-42, 52, 56, 57, 62-64, 95, 141, 146, 147, 150
ジェスチャー 95, 116
ジェファーソン式トランスクリプト 69, 83
シークエンス 110, 113, 115
　——の組織化 110
姿勢 90
自然に生じるデータ 8, 27, 31, 193
実践 6
質的インタビュー 17
社会構築主義 5, 6, 194
社会的行為 103, 104
社会的制度の組織化 122
社会的相互作用 102
社会的組織化 109
社会的存在 154
習慣的組織化 108, 114
主体ポジション 5, 7, 164, 177
新聞 15
　——の見出し 15
　——報道 16
信頼性 183, 184
スクリーンショット 90, 94, 95
スノーボール・サンプリング 53

成員カテゴリー化装置　113
静止画像　44, 95
正当性の危機　183, 184
制度的行為　106
制度的実践　15
政府刊行物　18
相互行為における語り　151
組織化　157
ソース　12, 15, 17, 137, 162, 176

■た行
大学研究倫理委員会　41
代表性の危機　183, 185
妥当性　183, 187
ターン　108-110, 147
逐語形式のトランスクリプト　73
知識　5, 6, 162
注視　90
中毒　170
著作権法　26
定式化　107
ディスコース　1, 140, 155, 165, 169, 172,
　175, 177, 179, 186, 188
　――研究　5, 27
　――心理学　7, 8, 101, 103, 106, 108, 122,
　194
　――分析　2, 7, 194
テクスト　5, 123, 124, 155, 157-160, 164,
　165, 167, 168, 170-172, 174-177, 180, 185,
　187, 194
データ　12, 13, 61
　――セッション　82, 146
伝記　19
ドキュメンタリー　25
ドキュメント　1, 5, 17, 20-24, 40, 123, 128,
　137, 138, 152, 157, 171, 176, 179, 181, 186,
　188
　――にもとづくソース　14, 31
　――の使用　124, 125, 126, 127, 131
匿名性　43, 56
ドラマ　26
トランスクライバー　74
トランスクリプション　8, 81, 82, 194
　――のためのポーランドの指示　80
　――表記法　83

　――用コンピュータソフト　74
トランスクリプト　13, 43, 69, 70, 72-74,
　76-80, 82, 86-92, 96, 98, 101, 112, 128, 135,
　146, 185, 186

■な行
二次情報　22
日記　19
ニュース・インタビュー　24
認識論的姿勢　113
認識論的地位　113

■は行
バージョン　3, 19, 72, 73, 87, 112, 113, 133,
　163, 186, 181, 184
発話交代の組織化　108
比較分析　119
非公式ドキュメント　18
ビデオカメラ　56, 62, 65
ビデオ記録　9, 11, 12, 30, 76, 101, 134, 187,
　193
ビデオデータ　55
ビデオテープ　134, 135
ビデオ録画（記録）　8, 24, 44, 45, 56, 64,
　70-72, 90
批判的ディスコース分析　7
秘密性　43, 45, 62
描写的なタイトル　76
フィールドノーツ　13, 53, 62, 64, 70
フィールドワーク　34, 61, 62, 64, 65
フォーカスグループ　1, 9, 27-31, 35, 42,
　43, 50-55, 57, 58, 60, 139, 149, 150, 182
フォーラム　20
プライマリケア　166
プライマリヘルスケア　167-169
ブログ　20
分析カテゴリー　149
文脈的情報　133
報告用トランスクリプト　69, 88, 89
法的義務　34

■ま行
身振り　90
メンバーシップ・カテゴリー　5, 7
　――化分析　7

事項索引　｜　205

■や行 ————————————————
優先構造　119

■ら行 ————————————————
ラジオのトーク番組　25
リサーチクエスチョン　14, 40, 62
リフレクシビティ　195
リフレクシブ　5, 182, 185, 186
リフレクション　183
倫理委員会　71, 72

倫理規程　33
レトリック　94, 145, 160, 195
ローカルな文脈　124, 138, 144, 149, 152,
　156
録音記録　12, 79, 82, 87, 88
録画記録　8, 77, 95
ローカルを超えた文脈　127
録音・録画（記録）　34, 35, 45, 51, 72, 73,
　83, 96, 182

著者紹介
ティム・ラプリー（Tim Rapley）
イギリス・ニューカッスル大学を経て、現在、ノーザンブリア大学教授。
PhD. 専門は医療社会学であり、医療業務や研究の実践に関する社会研究に
関心がある。特に、医療業務において日常的で自明とされてきた側面に対す
る新たな理解を目的とした、詳細な実証研究を行っている。本書は彼の主著
であり、この他に、ヘルスケアの実施や組織化に関する論文、および、質的
研究の社会科学に関する論文など数多く発表されている。

訳者紹介
大橋靖史（おおはし　やすし）【本書について・1〜5章・10章・用語解説】
淑徳大学教授。博士（文学）、早稲田大学大学院文学研究科。著訳書に、『行
為としての時間』（新曜社）、『心理学者、裁判と出会う』（北大路書房、共
著）、『ディスコースの心理学』（ミネルヴァ書房、共編著）、『ソーシャル・
コンストラクショニズム』（川島書店、共訳）などがある。

中坪太久郎（なかつぼ　たくろう）【6章・7章】
淑徳大学教授。博士（教育学）、東京大学大学院教育学研究科。著書に、『統
合失調症への臨床心理学的支援』（ミネルヴァ書房）などがある。

綾城初穂（あやしろ　はつほ）【8章・9章】
駒沢女子大学准教授。博士（教育学）、東京大学大学院教育学研究科。著訳
書に、『ディスコースの心理学』（ミネルヴァ書房、分担執筆）、『いじめ・暴
力に向き合う学校づくり』（新曜社、単訳）などがある。

SAGE質的研究キット7
会話分析・ディスコース分析・ドキュメント分析

| 初版第1刷発行 | 2018年10月15日 |
| 初版第2刷発行 | 2023年9月25日 |

著　者　ティム・ラプリー
訳　者　大橋靖史・中坪太久郎・綾城初穂
発行者　塩浦　暲
発行所　株式会社　新曜社
　　　　101-0051　東京都千代田区神田神保町 3-9
　　　　電話（03）3264-4973（代）・FAX（03）3239-2958
　　　　e-mail：info@shin-yo-sha.co.jp
　　　　URL：https://www.shin-yo-sha.co.jp/

組　版　Katzen House
印　刷　新日本印刷
製　本　積信堂

ⓒ Tim Rapley, Yasushi Ohashi, Takuro Nakatsubo, Hatsuho Ayashiro, 2018　Printed in Japan
ISBN978-4-7885-1599-4　C1011